災害・感染症対応から学ぶ

子ども・保護者が安心できる園づくり

流通経済大学
社会学部教授

淑徳大学短期大学部
こども学科准教授

佐藤純子・田村美由紀■編著

ぎょうせい

はじめに

　2011年に発生した東日本大震災から11年の年月が経過しました。この間にも、私たちの暮らす日本では、ゲリラ豪雨などかつて経験してきた以上に風水害の被害を受けてきました。さらに、2019年12月に中国湖北省武漢市で発生した新型コロナウィルス（COVID-19）は、2020年になると世界中に蔓延し、発生から2年以上経過した2022年に入っても新たな変異株として「オミクロン株」が出現し、私たちの生活を脅かし続けています。いつになったら、収束するかの見通しさえ立っていないのが現状ではないでしょうか。ですから、私たちはこの現実を受け入れるとともに、地震や風水害、感染症などのリスクと常に向き合いながら、これらのことを乗り越えていくために、暮らしや働く場での感染拡大を防止する習慣＝「新しい日常」※を実践していかなければなりません。つまり、一人ひとりがこれまでと違った生活様式を意識し、対応していくことが求められる時代を迎えているということになります。

　保育現場は、乳幼児を育てる家庭との共生の場です。利用する家庭の中には、ひとり親家庭、障害を持つ子どもの家庭など多様な家族の姿があり、複雑な課題を抱える家庭も少なくありません。保育者や支援者は、それぞれの子どもと保護者の立場に寄り添って、地震や風水害、感染症等の非常時にも落ち着いて対応できるような備えをしておく必要があります。本書では、保育を利用する親子が安心して通える園づくりをテーマに論を展開していきます。具体的には、保育を担う者だけでなく、子どもも保護者も一人ひとりが災害や感染症と向き合う当事者として自覚しながら、意見を述べたり、行動したりしていけるような関係をどのように構築していくべきかを皆さまとともに考えていきたいと思います。本書の目的は、災害や感染症についてよく知り、日頃からの備えはもち

ろんのこと、共に支え合う地域の拠点づくりとして保育所や幼稚園、子育て支援施設がどうあるべきか、そのヒントを提示することです。各章では、コロナ禍や被災した際の保育実践のあり方や対応の工夫、家庭及び地域連携について言及するとともに、先進事例なども紹介しながら、皆さまとともにこれからの保育・教育のあり方を検討していきたいと思います。

　2022 年 6 月

編者を代表して

佐藤　純子

※　東京都生活文化局広報公聴部広報課「広報東京都令和 2 年 7 月号」令和 2 年 7 月 1 日発行

目　　次

はじめに

第3章 障害のある子どもや「気になる子ども」と
災害・感染症

第4章　子どもへの防災教育

子どもの育ちと
災害・感染症との共生

～子ども・保護者が安心して通える園づくり～

1 子育てと保育をめぐる環境の変化

（1）昨今の出生率の低下

　1990年代から我が国では、少子化対策として子育て支援の施策を進めてきました。最初の施策であるエンゼルプラン（1995～1999年度）、続いて新エンゼルプラン（2000～2004年度）が策定され、保育の充実が図られてきました。その後、2003年成立の少子化社会対策基本法（平成15年法律第133号）第7条に基づいた少子化社会対策大綱として、子ども・子育て応援プラン（2005～2009年度）、子ども・子育てビジョン（2010～2014年度）、第3次少子化社会対策大綱（2015～2019年度）が策定されました。さらに、第4次少子化社会対策大綱（2020～2024年度）が策定され、若い世代の結婚や出産の希望をかなえる「希望出生率1.83」の実現に向けた政策が進められています。

　折しも日本では、2020年以降、新型コロナウィルス感染症が拡大し、第1回目の緊急事態宣言が発出されてから自粛生活が呼びかけられ、日常生活はもちろん、あらゆる経済的な活動に制限が課せられるようになりました。もちろん、こうした社会動向による結婚や出生行動への影響は計り知れません。実際の数値を示すとすれば、厚生労働省が公表した「妊娠届数」では、2020年10月の妊娠届出数は74,993件であり、2019年10月の80,283件と比較すると6.6％も減っています[1]。日本においては、出産可能年齢の女性数が減少傾向にあるため、出生行動に大きな変化がなければ、自然減になることは自明の理となっています。そのことを証明するかのごとく2019年の出生数は、90万人を割り込むこととなり、86万5,234人（「86万ショック」とも呼ばれる）という結果となりました。

厚生労働省が 2021 年 9 月 10 日に発表した 2020 年の人口動態統計（確定数）によると、出生率は、84 万 835 人と前年（2019 年）に比べて 2 万 4,404 人減り（2.8 ％減）、1899 年の調査開始以来最少となりました。このように危機的な数字に至った背景には、新型コロナウィルス感染症の蔓延が影響しており、2021 年以降は、その影響がさらに顕著となるため、出生率はさらに減る見通しとなっています。なぜなら、これまで経験したことのないウィルスの拡大が、人々の行動を抑制し、結婚や妊娠の時期を見送る傾向が起きるからです。このような現状を受け、内閣府は、「新型コロナウィルス感染症を踏まえた少子化対策の主な取組」を公表しました。そこでは、新型コロナウィルス感染症が結婚・子育て世代に与える影響が注視され、人々の不安に寄り添いながらも安心して①結婚（結婚新生活支援事業）、②妊娠・出産（相談支援・保健指導・個別の乳幼児健康診査の実施）、③子育て（感染症対策の徹底と事業の継続補助）ができる環境整備に取り組んでいく内容が示されています [2]。いずれにせよ、今後も出生数の自然減は避けられません。そのうえで、災害や感染症などのリスク要因が重なってしまうと、少子化はさらに加速してしまいます。しばらくの間は、災害・感染症対策も踏まえた重点的な対応を少子化対策などとも並行させながら、国や地方公共団体が率先して進めていく必要があるでしょう。

(2) コロナ禍による子育て家庭の実態と児童虐待の増加

　災害や新型コロナウィルス感染症の蔓延による影響は、人々に不安を与えます。また、そのことがストレスの増大にもつながっていきます。2020 年に初めて我が国において発出された緊急事態宣言下では、小学校や幼稚園、幼稚園型認定こども園、幼保連携型認定こども園が休校・休園することになりました。その時の根拠法は、以下のとおりです。

幼稚園・幼稚園型認定こども園・幼保連携型認定こども園の施設長・設置者は、非常変災その他急迫の事情のある時又は感染症の予防上必要がある時は、臨時に授業を行わないことができる、あるいは、学校の全部又は一部の休業を行うことができると規定されています。
（出典）根拠法となる学校教育法施行規則第 63 条、学校保健安全法第 20 条、認定こども園法第 27 条をもとに筆者作成（下線は筆者）

　他方、児童福祉施設である保育所の場合には、保育所の利用を控えるよう自治体を通じた要請がなされました。そのため多くの保育所では、園児や職員が感染した場合に、臨時休園する方針が示され、感染予防に留意したうえでの原則開所の形を採りました。いわゆる自粛期間においては、エッセンシャルワーカーの子どものみを利用可能とする園が多くみられました。こうした動きを受けて、保育所によっては、10 名に満たない子どもに対して、異年齢保育（全クラス合同もしくは乳児・幼児別のクラス体制）を実施しているケースが比較的多かったように思います。

　上記のことから、2020 年 4 〜 5 月にかけては、在宅で過ごす乳幼児家庭が大多数であったことが見えてきます。果たして、登園自粛期間の親子は、どのような生活をしていたのでしょうか。突然の生活の変化に困窮したり、戸惑う家庭も少なくなかったようです。実際の保護者の声を聞いてみると、テレワークをしながら乳幼児の面倒を見ることの大変さ、公園や子育て支援施設などが閉鎖されたことによる居場所の喪失などの問題が挙げられていました。この様子が「コロナ禍による自宅幽閉」という言葉で表現されることもしばしばありました。つまり、閉ざされた家庭のなかで、親子が孤立化し、公的機関としての保育所等とのつながりが途絶えたなかで、育児ストレスが高まり、ついつい子どもを叱りすぎてしまったり、イライラをぶつけてしまった保護者も少なくなかったようです。

　全国認定こども園協会が0～6歳の子どもを持つ保護者を対象に行ったアンケート調査【保護者編】では、「緊急事態宣言の発令や外出自粛などにより、子育てや生活で困ったことはありましたか」の質問に対して、4人に3人（75.1％）が「困ったことがあった」と回答しています。困りごとの内容で最も多かったのは、「子どもとの過ごし方に悩む」が半数以上の70.1％でした。次いで、「親の心身の疲弊」が53.0％、「減収や失職となり、生活や育児の費用が心配」が20.0％となっています。準備期間がないまま、幼児教育・保育施設などで休園や利用自粛が始まり、子育て支援施設などの利用が断たれたなか、家庭内での子育てをめぐる様々な悩みが多発していたことがわかる結果となっています。さらに、「在宅で仕事に集中できない」（15.7％）などの回答も目立ち、在宅勤務が急増した結果、家庭内での仕事と育児を両立させることの困難さや、夫婦の関係性が悪化したケースなどが多く報告されています。

　同調査では、「緊急事態宣言の発令や外出自粛などにより、家庭に大きな負担がかかっていますが、家庭内で普段と異なる感情を抱いたり、行動をとるなどのご自身の変化を感じたことはありますか」という設問もありました。その結果、保護者の53.6％が、緊急事態宣言下の家庭生活において、普段と異なる感情や行動を経験していたことがわかりました。とりわけ多かった変化としては、「イライラして怒りっぽくなった」（62.8％）であり、「子どもを叱ることが増えた」（51.3％）と合わせると、3～4人に1人が怒ったり、叱ったりしやすくなったと答えています。次に、「外出するのが怖くなった」（30.8％）、「感情を抑えられないことがあった」（22.7％）が続き、感染症への恐怖を感じつつ、育児に対しては強い不安感や感情面での不安定さを抱えて生活していたことが明らかとなっています。このほか、10～20％前後の保護者が「何かに焦りを感じた」（19.4％）、「寝付きが悪くなり、何度も目が覚めるようになった」

（16.8 ％）、「孤立感や閉塞感を感じた」（16.3 ％）など、精神面の疲れや閉塞感を感じていたことが示されています。さらに、孤立状況が長期化するなかで育児の負担感から「子どもを叩いたり、叩きそうになった」（15.5 ％）、「子育てが嫌な気持ちになった」（14.5 ％）など、児童虐待とも結びつきかねない状況下に置かれていた家庭も一定数あったことがわかっています。「その他（自由記述）」には、「とにかく疲れる、とにかく不安」「1 人で子ども 2 人の育児をしていて、呼吸が苦しく感じる。寝て、起きて、育児の繰り返しが辛い」「子どもを叱り自己嫌悪に陥ることを繰り返している」「子どもを可愛いと思えなくなった」「一家心中という言葉が頭をよぎった」という記述までなされていました[3]（資料 1 − 1）。

資料 1 − 1　自粛期間中の保護者の心境

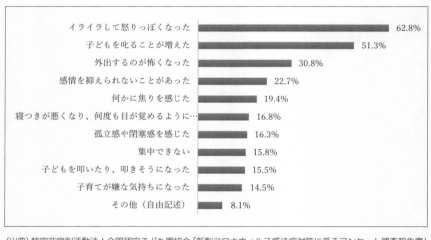

(出典) 特定非営利活動法人全国認定こども園協会「新型コロナウィルス感染症対策に係るアンケート調査報告書」

　厚生労働省は、2020 年 1 〜 5 月の児童虐待相談対応件数の動向について、虐待通告がどのように変化したのかを前年度である 2019 年度と比較し公表しています[4]。2020 年 1 〜 2 月は前年度比 11 〜 18 ％増となりま

したが、緊急事態宣言期間（4月7日〜5月25日）を含む4月と5月は
9％増（4月）、1％減（5月）だったことが明らかとなりました。4月、
5月は、家族の在宅時間が増加している期間と重なります。先の全国認
定こども園協会のアンケートの保護者の心境とは必ずしも合致していな
いことがわかるでしょう。厚生労働省は、新型コロナウィルス感染症の
拡大と児童虐待との明確な因果関係はわからないとし、引き続き注視す
る必要性を示しています。しかしながら、学校の休校や登園自粛、乳幼
児健診が中止されていたことから、虐待の事実を発見しにくい構造を生
んでいたことは間違いないでしょう。つまり、この数値からは、潜在的
な被虐待児がいたことの可能性が読み取れます。すなわち、日常的に親
子と関わる人的交流が減ったことで、地域の見守り機能が低下し、保護
者の苦しい心情や虐待の実態が見過ごされていたということになるで
しょう。なぜなら、緊急事態宣言が解除され、登園や登校など普段の生
活が戻ってきた6月以降、児童虐待相談対応件数が跳ね上がる傾向が見
られたからです。実際に、6月の数値を前年と比べてみると、12％増に
なっていることから、この年に限っての増加であると指摘することがで
きます。通常は、地域の関係機関が子どもの異変に気づき、通告に繋がっ
ていることが少なくないことから、前述のとおり自粛期間中には虐待の
問題が家庭内に隠れてしまった可能性が見えてくるのではないでしょう
か。

　コロナ禍におけるアンケート調査や厚生労働省の統計からも、子ども
と家族に近い保育者の役割や自治体、専門機関の存在の大きさ、継続的
に子育て家庭とつながりを持つことの重要性が改めて理解できたのでは
ないでしょうか。今後、災害や感染症の拡大により、再び登園自粛や休
園になることも考えられます。乳幼児を抱える親子が自宅幽閉となった
際に、家庭が抱えている問題が見えなくなってしまうケースが存在して

いることを私たちは忘れないでおきたいものです。さらに、各家庭に対して、私たちがどのように福祉や教育を保障していくことができるのか、具体的なアウトリーチの方法も考えていくことが必要となるでしょう。

(3) 経済的な逼迫と子どもの貧困

1995年の阪神・淡路大震災や2011年の東日本大震災においても、生活基盤の弱かった家庭は復旧と復興の過程で取り残されていたことがわかっています。

コロナ禍においても保護者の失業や非正規雇用による減収の影響による子どもの貧困の問題がさらに深刻化しています。新型コロナウィルス感染症が蔓延する以前の2018年においても、すでに子どもの貧困率は13.5％まで増加しており、実に7人に1人が貧困下で生活していることがわかっています。すでに述べてきたように、自粛生活や密を避ける暮らしのあり方（社会的距離の確保）は、困窮世帯で困難を抱える親子をさらに孤立化させ、悪循環を生じさせる一因となっています。

シングルマザー支援に取り組む団体である「しんぐるまざあず・ふぉーらむ」とジェンダー政策の専門家、研究者らによって構成されているシングルマザー調査プロジェクトチームでは、2020年7月より1,816人のシングルマザーに対する大規模調査を行い、コロナ禍の仕事や生活の状況、子どもの状況を尋ねています[5]。「新型コロナウィルス　深刻化する母子世帯の暮らし―1800人の実態調査・速報」によると、新型コロナウィルス感染症に関連して自身の雇用や収入に影響を受けたシングルマザーが71％もいたことがわかっています。さらに、臨時の一斉休校・休園や登園自粛によって子どもの給食がなくなることで、各家庭の食費負担が増えたことから食事の内容にも影響が出てきていることが示されています。子どもの給食がなくなった結果、野菜を食べる量が減った

（55.3 ％）、インスタント食品を食べる量が増えた（54.0 ％）、炭水化物（米・パン・麺）だけの食事が増えた（49.9 ％）、お菓子やおやつを食事の代わりにすることが増えた（20.1 ％）など、食事の質が低下したことがわかっています。また、 1 日 3 食を確保できなかったと答える家庭も少なくなく、 5 世帯に 1 世帯にあたる 18.2 ％が食事の回数を減らしていました（資料 1 - 2 ）。

資料 1 - 2　コロナ禍の子どもの食生活への影響（複数回答）

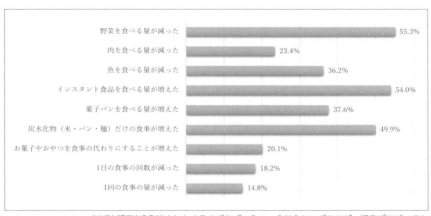

（出典）認定NPO法人しんぐるまざあず・ふぉーらむ＆シングルマザー調査プロジェクト
「新型コロナウィルス 深刻化する母子世帯の暮らし− 1800 人の実態調査・速報」

　このように、災害や感染症拡大による家庭生活への影響は大きく、特に脆弱な家庭に対して経済的な打撃を与えました。加えて、生活面での影響は子どもの発達や学習などにも深く結びついており、対応が遅くなればなるほど状況が悪化することが懸念されています。具体的には、保育所や学校、医療面の基礎的な社会サービスの保障体制とともに、①所得、②児童手当、③ひとり親手当の 3 つの側面での対応が必要になってくるでしょう[6]。これまで、低所得の子育て世帯が利用できる支援策と

して、生活費の貸し付けを受けられる緊急小口資金や総合支援資金の実施、住居に困っている場合には、住宅を確保できるセーフティネット住宅などの支援がなされています。さらに、2021年5月に、厚生労働省は、低所得の子育て世帯に対する子育て世帯生活支援特別給付金の制度を創設しました（申請期限は、令和4年2月28日まで）。この特別給付金は、都道府県や市区町村、福祉事務所が実施する給付金であり、18歳に達する日以後の最初の3月31日までの間にある児童（障害児の場合は20歳未満）を扶養する所得の低い子育て世帯を対象にし、児童1人につき5万円が支給される制度です[7]。

　低所得の子育て世帯に対する子育て世帯生活支援特別給付金（ひとり親世帯分）の支給対象は以下のとおりです。

（1）令和3年4月分の児童扶養手当の支給を受けている方
（2）公的年金等を受給していることにより、令和3年4月分の児童扶養手当の支給を受けていない方（児童扶養手当に係る支給制限限度額を下回る方のみ）
（3）令和3年4月分の児童扶養手当は受給していないが、新型コロナウィルス感染症の影響を受けて家計が急変し、収入が児童扶養手当を受給している方と同じ水準となっている方

　また、この特別給付金は、以下に示すひとり親世帯以外の低所得世帯も支給対象となります。

（1）令和3年4月分の児童手当または特別児童扶養手当の支給を受けている方で、令和3年度分の住民税均等割が非課税である方
（2）対象児童（令和3年3月31日時点で18歳未満の子 ※障害児については20歳未満）の養育者であって、以下のいずれかに該当する方
　●令和3年度分の住民税均等割が非課税である方

> ●新型コロナウィルス感染症の影響を受けて家計が急変し、令和３年度分の
> 　住民税均等割が非課税である方と同様の事情にあると認められる方

　これまで述べてきたように、新型コロナウィルスの影響は、子どもの
貧困をさらに助長させる一つの要因となっています。保護者である大人
ももちろんそうであるように、小さな子どもも必死に我慢をしています。
先の調査でも自粛期間中、子どもの体重が10％減ったという報告がな
されています。各地域でフードパントリーや子ども食堂でのお弁当のテ
イクアウト、保育所などでの朝食提供などの様々な実践や取組がすでに
なされているものの、引き続き、衣食住の適切な確保に私たち大人が意
識をして努めていくことが求められています。これらは、次世代への責
任でもあります。

2　コロナ禍での保育と子どもの育ち

（1）保育は３密が避けられない営み

　新型コロナウィルスの感染が拡大し、今後もしばらくの間はwithコ
ロナの生活が続いていくでしょう。しかしながら、乳幼児の発達は、ス
キンシップやアタッチメントなど肌と肌の触れ合いがとりわけ大切に
なってきます。これまでも、保育・幼児教育の現場では、感染対策に留
意しながら、保育のあり方を可能な範囲で模索し、試行錯誤しながら実
践してきたことでしょう。具体的には、玩具や園内環境の消毒作業、マ
スクを着用しながらの保育実践、食事中のアクリル版の活用や座席の配
置、午睡時の密の回避、行事や保育計画の見直し、保護者に対する個別

的な支援などです。どの園にとっても、これまでの保育に加えてすべきことが多岐にわたり、保育者の負担は増えたのではないでしょうか。また、感染症対策をすればするほど、子どもの育ちへの影響を懸念しなければならない場面が増えたと感じられたことでしょう。例えば、乳幼児期の発達への影響を考えてみることにします。乳児期は、親や保育者の表情を読み取りながら、人との関わり方や言葉を学び、感情を育んでいく時期です。ところが、マスク着用での保育が必須になってしまうと、子どもたちとのコミュニケーションはかなり難しいものとなります。とりわけ、乳児の場合には、親や保育者といった身近な大人の口の動きを模倣することで言葉を習得していきます。また、表情を読み取り、嬉しい感情や楽しい感情、悲しい感情などを理解していきます。ところが、口を隠してしまうと、言葉を覚える機会や感情を読み取る機会が失われてしまいます。今後は、保育者自身が表現方法を工夫するなどの保育技術面での働きかけはもちろんのこと、表情が見える透明マスクや安全性が高く、かつ子どもたちが怖がらないようなフェイスシールド、もしくはマウスシールドなどの活用も期待したいものです。

(2) 社会的なインフラとしての保育

　日本においては、すでに述べてきたように少子化の傾向が加速しており、さらに深刻さが増しています。現在では、乳幼児を持つ母親の就労率が増加していることから、保育所を利用する世帯の割合も上昇する一方です。このような現状のなかで、新型コロナウィルス感染症が拡大しています。しかし、コロナ禍であっても、保育所の稼働率は依然として高く、緊急事態宣言が発出されたとしても感染者が出ない限り、開園している園がほとんどです。2020年6月頃までの第1波の時期においては、保育者は医療従事者等のエッセンシャルワーカーを支える役割とし

てとらえられることが多かったのではないでしょうか。ところが、宣言が解除されると、保育者自身がエッセンシャルワーカーとしての役割を担い、日々の保育を行っているのが現状です。つまり、保育者なくしては、子どもを産み育て、生活を維持していくことができない社会インフラの一つになっている実態が理解できるでしょう。

（3）ニュージーランドのコロナ対策

　2020年春の緊急事態宣言下においては、登園自粛中に多くの家庭が孤立していました。そのなかで、子どもを持つ家庭では、親たちの育児不安や生活で抱えるストレスが増えていったと言われています。また保護者への影響だけでなく、子どもの健康や行動面への心配についても指摘されています。

　ここで、1986年からすべての保育施設を教育省が一元的に所管しているニュージーランドの実践を見てみることにしましょう。池本（2020）は、①休園に入る前から保育施設が各家庭を支援していくという国の方針が共有されていた点、②保護者に対しては、担任と連絡を取り、家庭での過ごし方のヒントを伝えていた点、③保育施設へは、国からコロナ禍に何をすべきかの対応方法をわかりやすく示し、伝えていた点が我が国の参考になると指摘しています[8]。具体的な実践として、ニュージーランドでは、保育施設や学校が休園・休校の期間、国主導で子ども向けにテレビ番組を放映するとともに、保護者や保育者に役立つ情報をまとめたホームページも開設しました。このようにニュージーランドでは、国が主体となり、子どもや家族のウェルビーイングに関する情報発信を積極的に行ってきました。こうした速やかな対応に至った背景には、カンタベリー大地震（2010～11年）での経験があります。この経験から、被災時のメンタルヘルスに関する対応や知見がコロナ禍に活かされたようで

す。このことに加え、ニュージーランドでは、子どもの権利に対する意識がもともと高いこと、多様な民族への明確な情報提供やコミュニケーションについても重視されてきたことが対応の早さやあり方に影響を及ぼしているようです。

　ニュージーランドのジャシンダ・アーダーン首相は、公務後、SNSを通じてわかりやすい発信を毎日し続けました。そのメッセージは、決して大人向けのものばかりではなく、子どもに対しても絵本の読み聞かせを配信するなど、国民一人ひとりと対話することを大切にしてきました。このような実践を目の当たりにすると、日本では、「コロナ禍の子どもの権利」を考える視点が少し欠けていたように思われます。私たちは、新型コロナウィルスが感染拡大した第1波の頃から、子どもに対する感染症の説明を幼児にも理解できる言葉で伝えてきたでしょうか。大人たちの間での情報共有が先行し、十分な説明を子どもたちにはしてこなかったように筆者には映ります。ニュージーランドのように、子どもを一市民ととらえ、恐怖や不安を国民全体で共有し、子どもの意見を聴き、その時々の思いを受け止める子どもたちの権利を尊重した対応がより一層求められるでしょう。

（4）子どもの権利を保障していくために

　天野（2021）は、新型コロナウィルスの蔓延を教訓に、私たちの国で疑問視されてこなかった、大人主導の保育や大人が子どもに提供していく活動のあり方の見直しが図られ、これを機に一人ひとりの子どもの日常がより大事にされるようになっていくだろうと述べています[9]。このような視点から見れば、今回のパンデミックによって得られた経験は、子どもの権利を保障するための保育実践を再考するチャンスであるともとらえることができるでしょう。

　世界幼児教育・保育機構（OMEP）は、「新型コロナウィルス感染症時代の幼児教育・保育の保障を！」という声明文を出しています。以下で、その一部をご紹介したいと思います[10]。

各国政府は「子どもの権利」の成就を保障する立場にあり、地方自治体や地域の諸組織と協力して、子どもと家族を守り支援するために必要な政策を実施する義務がある。この支援において、幼児教育・保育は基本的な役割を担うものである。

- 子どもたちには質の高い幼児教育・保育への権利があり、そこには大切な大人やケア担当者・教師、そして仲間との安定した関係を保つことが含まれる。
- 乳幼児期の教育への権利は、誕生と共に始まり、そのことは、彼（女）らの可能性が最大限に発揮されるよう最大限の支援を受ける権利と繋がっている。このため、各国政府とその他の当事者たちは、目下の危機の中でも、豊かな機会を保障することで幼児教育・保育を強化しなければならない。
- 幼児教育・保育の環境と内容の構成は、衛生習慣・栄養摂取や休息の場合と同様、多機能な活動によって特徴づけられる。そこでは、自由な動き・遊び・芸術的な表現・レクリエーションそして戸外の遊び時間を許容する様々な素材・玩具・備品が用意されている。
- 幼少期ならではの子どもと教育者、仲間集団との情動交流関係を築く方法として、身体表現やハグ、からだの触れ合い、身振り、顔の表情は、重要である。

（声明文の一部を筆者抜粋）

　この声明文で示されている内容を詳しく見ていくことにしましょう。ここで強調されているのは、子どもたちは、質の高い保育・幼児教育を受ける権利があるということです。そして、各子どもが持つ最大限の可能性を発揮できるように、豊かな機会を保障することで幼児教育・保育を強化していく必要性が指摘されています。具体的には、自由な動き・遊び・芸術的な表現・レクリエーションや戸外の遊び時間を許容する教材や道具が用意されること、身体表現やハグ、からだの触れ合い、身振り、顔の表情が肝要であると示されています。上記に示す活動や行動は、

コロナ禍では難しいとされてきたことばかりではないでしょうか。しかし、子どもの権利を擁護するためには、保育者ができる範囲で感染予防と並行しながら活動や行事を進めていくことが、必要不可欠になることがわかります。

3　新しい日常の中で
保育のあり方を考える

（1）保育と災害・感染症予防のバランスのなかで

　これまで述べてきたように、乳幼児が通う保育所、幼稚園、認定こども園、各種子育て支援施設は、濃厚接触が前提となって成立する場所とも言えます。他方、災害については、どのタイミングで、どの地域に発生するかは誰も正確には予測することができません。すなわち、園で被災することや感染症の拡大を完全に阻止することは不可能に近いということになります。このことからも、災害予防、感染対策を可能な限り行い、被害を抑えていこうとする方針のもとに、保育を考えていく必要があります。今般の新型コロナウィルス感染症の対策に関しては、各家庭に対して、園としての方針を一つひとつ丁寧に説明していくことが不可欠です。つまり、乳幼児が通う施設は、本来濃厚接触の場であること、マスクや消毒、保育環境の整備に努めるものの濃厚接触を０にすることはできないことを折に触れて伝えていくことが大切です。このことを理解したうえで園や施設を利用してほしい旨を明確に家庭へと発信していくことが肝要となります[11]。

　株式会社明日香は、2020年10月に現役保育士100名と保育園児を子どもに持つ母親104名を対象に「新型コロナウィルス禍での保護者に

知って欲しいこと」に関する調査を実施しました。この調査によれば、62.0％の保育士が「保育より、感染症対策を優先したい」と回答しています[12]。その一方で、52.3％の保護者が「保育を優先してほしい」と回答していました。その理由としては、「幼少期の教育は重要だと考えるから」「感染症はいつものことだから取り立てて対策する必要なし」という意見があがりました。さらに、保育園で力を入れてほしいことを尋ねた結果では、「日々の遊びの充実」「行事を増やしてほしい」などの要望が挙げられていました。このことは、新型コロナウィルスによって行事や活動が中止や縮小傾向にある実態に対して、少しでも子どもが園生活を楽しめるように、その機会を期待している様子がうかがえます。とはいえ、乳幼児期の発育にとって重要となる保育実践と感染症対策の間で、思い悩むのは保育者となります。ですから、保育実践か予防対策かの二者択一ではなく、双方のバランスを考慮しながら、園内の判断基準を明確に決め、日頃から保育のあり方について職員間で共有していくことが重要です。

（2）園独自の判断で「子どもにとっての保育実践」を

　東京大学大学院教育学研究科附属発達保育実践政策学センター（Cedep）は、保育・幼児教育施設の園長・施設長及び職員（役職者）に対して「保育・幼児教育施設における新型コロナウィルス感染症に関わる対応や影響に関する調査」（2020年4月30日〜5月12日）を実施しています。この調査のなかには、「新型コロナが問題化する前と比べて、問題が落ち着いた後に、保育・幼児教育の分野で変化すると思うこと」という設問があります。この設問に対する回答では、新型コロナの問題が落ち着いた後（afterコロナ）に変化すると思うこととして、回答者の半数近くが「行事のあり方」（47.3％）と「衛生管理のあり方」（46.1％）と答えています。同調査では、回答者の9割近くが行事が中止になり、

6割以上が行事が縮小されていた経験を持っていたことがわかりました。つまりこのことは、実施可能な行事のあり方を常に模索しながら園の運営がなされていたことが示される結果だといえます。そして、これまで以上に衛生管理が求められるなかで、保育のあり方とのバランスについても検討が重ねられていることが見えてくるでしょう[13]。

　先に示した保護者の意見からも、可能な限り子どもたちにとって必要な保育の機会を提供してほしいという声が多く上がっているのが現状です。そのため、私たち保育者は、これからの保育を考えていくうえで、それぞれの園にふさわしい保育のあり方や行事のあり方を考えながらも、独自の判断を下し、実践へと移していくことが求められているということになります。（3）では、東京都大田区にある大森保育園のコロナ禍における行事のあり方について、「林間保育」を例としてご紹介したいと思います。

（3）先進事例：大森保育園の実践から学ぶこと

　新型コロナウィルスの感染拡大により、日々の保育はもちろんのこと、普段以上に「3密」になることが予測される行事については、どのような実践が望ましいのか、保育の現場では、迷いや葛藤のなかで判断していくことが求められています。しかし、新型コロナウィルス感染症の拡大により、例年、何の疑いもなく当たり前として行ってきた行事を見直すきっかけになった点ではよかったと振り返る園は少なくありません。株式会社こどもりびんぐが2021年4月に収集した、東京都市圏（東京都・神奈川県・千葉県・埼玉県）の幼稚園及び保育所計148園の「コロナ禍の園状況」をヒアリングした結果、「コロナ禍で開催を中止する園行事はありますか？」の設問に対して、70.3％の園が「年長のお泊り保育」と回答していました（資料1-3）[14]。

資料1-3　「コロナ禍の園状況」行事について

■コロナ禍で開催を中止する園行事はありますか？

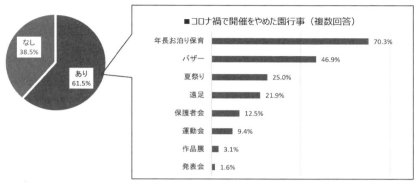

（出典）株式会社こどもりびんぐ「コロナ禍の園状況」ヒアリング調査

　しかしながら、コロナ禍での園運営や保育実践が進められるように
なってから約1年が経過した頃から変化が見られ、「2020年度は、すべ
ての行事を中止したが、2021年度は対策を講じて実施する」といった方
針の園が多くなる傾向が見受けられました。こうした変化は、各園が園
児・保護者の気持ちを考え、大切な乳幼児期をより充実したものとして
いくには何をすべきかを模索し、可能な実践を行っていることの証拠と
もいえるのではないでしょうか。大森保育園では、年長児のお泊り保育
である「林間保育」を2020年度においても実現させました。どのように
実現したのかを以下、インタビュー調査の結果からお示ししていきたい
と思います。

【大森保育園（社会福祉法人大洋社、定員60名）「林間保育」の実現にむ
けてのインタビュー調査】
　インタビュー調査日時：2021年7月19日（月）　14:20～16:00

調査対象者：岡部繁氏（大洋社　事業部長）：調査時間90分
　　　　　　森永佳奈子先生（大森保育園　園長）：〃90分
　　　　　　植木菜摘先生（大森保育園　5歳児担任）：〃10分

訪問先：群馬県安中市宿泊施設オアシス、ポニーパークカドル、妙義
　　　　神社等
実施日：2020年8月2日（日）〜4日（火）　2泊3日
「林間保育」参加者：大森保育園5歳児9名、職員5名
　　　　　　　　　　（系列園）洗足池保育園5歳児9名、職員5名

①「林間保育」を実施した経緯は？

森　永　園　長：毎年8月の最初の日曜日スタートで、日、月、火と2泊
　　　　　　　　3日で、群馬県、妙義山のほうに恒例で行っております。
　　　　　　　　昨年も同様に、日程は変えずに行きました。7月の時点
　　　　　　　　で、感染者数が増えてきているところで、この状態で本
　　　　　　　　当に行けるのか不安がありました。でも、ぎりぎりまで、
　　　　　　　　とにかく行ける準備だけはしておこうということになり
　　　　　　　　ました。「林間保育」を実施するという方向性となり、やっ
　　　　　　　　ぱり担任からは「え、行くのですか、連れて行けるので
　　　　　　　　すか」という疑問があがりました。とりわけ看護師は、
　　　　　　　　とにかく無事に行って帰って来られるのかと心配してい
　　　　　　　　ました。もちろん、東京から群馬のほうに行きますし、
　　　　　　　　バスも利用して行くので、いろいろな方との交わりがあ
　　　　　　　　ります。現地のスタッフだったり、バスの運転手さんに
　　　　　　　　対して、逆にうつしてしまうようなことがあってはなら
　　　　　　　　ないと看護師はかなりぴりぴりしたと思います。行った

　　　　　ことで子どもたちが無事に帰って来られるのか、保護者
　　　　　に対する責任もありますので、看護師とはいろいろな部
　　　　　分で、どういう場面でリスクが高くなるかを事前にかな
　　　　　り詰めた話し合いをして準備を進めました。

岡部事業部長：子どもたちが無症状で持っていく可能性もあるので、受
　　　　　入れ側にダメと言われたら仕方ないという話はしていま
　　　　　した。それで、事前に確認をしてもらいました。そうし
　　　　　たら、「東京は増えているけれど、きちんとされている
　　　　　保育園さんでしょうから、感染症の対策は行っているで
　　　　　しょう。『林間保育』の3日間もしっかり園でやってい
　　　　　るのと同様の感染対策をしてくだされば来てもらう分に
　　　　　は構いません」と言っていただいて。向こう側がOKし
　　　　　ていただけるのであれば実行していく方向性で準備を進

資料1-4　ポニーと触れあう子どもたち

（撮影：大森保育園）

めていくことにしました。われわれ職員にしてみれば、毎年1回の行事だから、今年やらなくてもまた来年があるという思いはあるかもしれません。ですが、今回の園児に関して言えば、大げさな言い方をすると、一生に一度のチャンスを大人の都合で潰すのではなく、どうにかやってあげたいという思いが職員にもありました。ですから、行くか行かないかは保護者に決めてもらおうという形で、参加の最終判断は家庭に委ねることになりました。その結果、1名が親の判断で欠席しました。

②コロナ対策で工夫した点は？

森永園長：お祭りや他の行事は、どこかのタイミングで何かの形に変えて、今後も経験できることだと思います。ですが、群馬に行って2泊3日、親元から離れてという経験を考えたら、私たちが犠牲になれることや、一生懸命対応していけば何とかクリアできることがあるのではないかと考えました。例年と同じではなく、工夫をしながら、いつもと同じパターンではなく進めていきました。例えば、歩いていくところを車送迎にしたりしました。いつもは暑い中、汗をだらだらかきながら、片道30〜40分かけて行くようなところを送り迎えしてもらうなどしたのです。特に、一番気を使ったのがサービスエリアでのトイレ休憩の時ですかね。集団で公衆トイレに行かせないようにして、チームを組んで男の子・女の子で分かれて、2班4グループを作りました。子どもたちには、トイレに行ったらどこにも何も触らないですぐバスに戻るようにとしっかり伝えました。そこはかなり、看護師も含め

てぴりぴりしたところです。一番、不特定多数の人と関わる場所となりますので。山に行ってしまえば、スタッフさんともそこまで密着して関わるわけではないですし、いつも一緒にいる園児と洗足池保育園の園児と、職員だけなので。そこを考えると、一番不安で怖いのはサービスエリアでのトイレ休憩かなと思いました。そこは看護師や洗足池保育園の引率職員と何度も確認をしました。他には、食事の場面も心配していました。アレルギー対策などできることもあり、保育園の栄養士に引率してもらい、朝・昼・晩と食事については園側で作るようにしました。

③子どもたちへの感染予防・防止に関する指導について

森　永　園　長：日々の保育もそうですが、やっぱり子どもなので、いく

資料１－５　３密を避けた朝食の一コマ

(撮影：大森保育園)

ら年長児であったとしても、「はい離れて」と言っても、いろいろ話をしたり、遊び込んでしまうと、くっつく、密になってしまうのは当たり前のことだと思います。通常の保育でも、そこまで密になったらダメという指導は子どもには、正直なところあまり行っていません。ですから、行った先の子どもたちの活動については、とにかくゆったり自然の中で過ごせるように、特に子どもの活動について制限を設けませんでした。保護者の方とも一緒に出掛けて旅行に行くっていうことも、多分、ほぼできていなかったと思うのですよね。その分、自然の中で普段見ない景色とか肌で感じる気温とか、暑いとかちょっと涼しいねということだったり、そういうことを経験してもらえるだけでも、連れて行く価値はあるかなというふうにはすごく思いましたね。園では、そこまで指導していなくても、子どもの口からも「コロナだからこうなのだよね」って、やっぱり話が出てくるので。それは、テレビを見たり家庭でもそういう話になったりしているからですよね。もちろん、園でも、コロナのことを担任から話はしたりするので、そういったところでしっかり自分たちなりに感じている点は、さすが、年長ぐらいになってくるとそうやって言えたりするのかな、表現したりできるのかなと思いました。

植 木 先 生：「林間保育」に行くという決定がなされた時は、感染し
（5歳児担任）　たり、させたりしないかと担任の立場では、かなりハラハラしたのを今でも覚えています。「林間保育」を実施する事前1週間と事後1週間は、保護者の協力を仰がな

がら、体調の悪い子が出ないかの確認を徹底しました。すべての子どもが何事もなく、2週間が過ぎてようやく安堵することができました。今年は、昨年行った経験があります。ですから、留意すべきポイントもわかっていますので、気持ち的には安心しています。ですが、去年と同じではなく、今年は何かが違うということは常に意識することを忘れず、きちんと対策し3日間を過ごしてきたいと思います。現地に着いたら子どもたちには、ゆったりと過ごしてもらいたいので、行く前から今年の年長児に対しても「ここでは何でマスクをするのだっけ？」「ここの場所では、大きな声で話してもいいのかな？」と一つひとつ理由を確認しながら、子ども自身が理解して、納得して行動できるようにしていきたいと思っています。

④宿泊行事に対する保護者の反応

森永園長：やっぱり、「林間保育」に年長児が毎年恒例で行くことが大森保育園に入れた特権というか。2泊3日も群馬に行けることを、子どもはもちろんのこと、それ以上に、保護者が楽しみにしている雰囲気があります。大森保育園には、すごく積極的に保護者の方も参加をしてくれて、楽しみにしてくれている行事がたくさんあります。ですから、「『林間保育』を子どもに経験させたい」「え？コロナで行けないこともあるのですか？」という声もあがり、「林間保育」の実施を願う保護者の方が多くいらっしゃいました。

岡部事業部長：「林間保育」の説明会でも「どうなったら中止になってしまうのか」「行けない基準は何ですか」といった質問が

多かったですね。さすがに去年は、行けないだろうと考えていた保護者が多かったみたいです。そのため、「最終判断は、前日ですか、1週間前ですか、10日前ですか。行かないって決定するのはいつですか」などの質問が多かったりしました。とにかく、私たちも初めての経験なので、「実際に行けるかは、ぎりぎりの判断になるかもしれません。下手をすると、当日の朝に行けないということもあるかもしれません」というお話までさせていただきました。例えば、前の日に職員で感染が出てしまったらストップじゃないですか。ですから、前日に中止になることもありうることを手紙に記載して各家庭に配布しました。

森永園長：保護者参加の大きな行事は、年7回あります。あとは、こまごまとした子どもたちだけの遠足ももちろんありますし。七夕とかクリスマス会とか、お月見のお団子作りとか、そういった行事もそれぞれの月であります。実は、年7回の行事にご参加いただいた保護者の方には、お父さん、お母さんを「たたえる賞」をお渡ししています。ご協力をいただいたというか、参加をしていただき、子どもたちの成長を一緒に楽しめましたねという形で感謝の気持ちも込めて「たたえる賞」を差し上げています。「たたえる賞」をもらうには、全部の行事に参加しないといけません。意外と、保護者の方も賞がほしいと頑張って出席しています。「先生、そんなことしたら賞状もらえなくなっちゃう」という保護者が結構いらっしゃるのに、私も驚いています。もちろん、日々、子どもたちが園で

どのようなことをしているのかを知ることも大事だと思うのですが、そうやって、行事に、子どもだけではなくて保護者の方も参加していただいて、園の雰囲気や子どもたちの頑張りも見守ってもらうことは大切だと感じています。全学年で60人しかいない園ですから、学年のつながりに留まらず、クラスや学年を越えてどの子たちにも興味が持てるような親子関係でいてほしいというのは、前園長も考えていたところでもあります。保護者も一緒に「林間保育」に行っていた時期もあったので、保護者の行事に対する理解や、園に対する信頼感は高い園だと思います。保護者の反応としては、「林間保育」に行ってほしいという感じでした。

⑤事前準備の徹底と職員や他園の反応

森永園長：これだけ準備していて、これだけ頑張って感染対策をしていたにもかかわらず行けなかったというのであれば、それは仕方ないことだと思っていました。ですから、ぎりぎりまで準備して中途半端な準備のまま行くよりは、きちんと準備をしたうえで何にもなく行って帰ってくる。そしたら、子どもたちはラッキーだし、連れていった職員側としても安心するよねという話は保育士とも話しました。「子どもたちの体験とか経験の大切さ」っていうことを言われてしまうと、「はい、わかりました」という感じで、保育士の賛同も得られた訳です。

岡部事業部長：園外のベテランで、本当によく知っている先生から「なんで『林間保育』、あれだけみんな（保育関係者）が行けないって言っているのに、無理やりやるのだ」と言われ

資料1-6　綿密な行程表と配慮事項

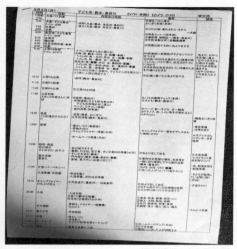

(資料提供：大森保育園)

ました。いや、結果が目に見えていたから、準備をしっかりして実行したのだと返答しました。

⑥参加できなかった子どもに対するクラスの変化

岡部事業部長：行かせなかったお母さんが、自分の判断が間違っていたのではないかと、とてつもなく悩んだみたいです。やっぱり行かせるべきだったと。でも、それはしょうがないことだと思うのですよね、そのときの判断なので。病気で本当に行けない時もありますから。そういう時は、次の学年のときに連れて行くのです。小学校1年生になった子どもにお手紙を出して、「去年、行けなかったので、今年は年長さんと一緒に行きませんか」ってお誘いをするのです。去年行けなかったお母さんに対しても今年お手紙を送りました。お母さんは、「去年は、子どもがぜんそく持ちだし、コロナ禍の宿泊になるので悩んでいたのですけど。今年は、ぜひ行かせられたら行かせたい」とお返事をいただきました。何に対しても真面目に考え

すぎてしまう所がそのお母さんにはあったので、お母さん自身の考え方に変化が見られた点でもよかったと思っています。

森永園長：行けなかったＳ君、暗いとまではいかないですが、周りに気を使っているのかなという気はしました。でも、行ってきた子たちもいろいろな発言をしてくれました。毎年、絞りのお揃いのＴシャツを作って「林間保育」に着ていくのが恒例なのですが、去年は、Ｓ君が行けなかったので、それを着て園庭でキャンプファイヤーごっこをして再現しようと提案する子どもたちが出てきました。行事で一人でも欠けると、その参加できなかった子のために何かできることをしようとする、そういう横のつながりが強い学年でした。ですから、そうやって行けなかった子のために、自分たちに何ができるかを考えて、キャンプファイヤーごっこが実現したのです。ちゃんと、キャンプファイヤーの火を持ってきてくれる火の神さまの役も決めてやっていました。妙義神社から降りてくるホムスビの神（火の神様）をする役の人を誰がやるとかというふうにちゃんと決めて、それらしいキャンプファイヤーの材料も用意してやりました。炎天下のなかでしたけれど、子どもたちの力でキャンプファイヤーが再現されたのです。

岡部事業部長：あとは、ポニー牧場もコロナの関係で全然運営がうまくいかなくなっていて。「東京に出張してもらって、ポニーの触れ合い体験をしたい」という話が持ち上がり、「じゃあ、大森保育園に来てよ」と、別の園も何園か紹介して

東京に来てもらいました。それで、「林間保育」に参加できなかったS君も保育園でクラスの友達とポニーの触れ合いができて、乗馬もできたと喜んでました。ポニーが来たときもそうだったのですが、また染めのTシャツをみんなで着ていました。「林間保育」の時は、感染対策の関係で乗馬ができなかったのです。でも、初乗馬はクラス全員で揃ってできて、「みんなで乗れてよかったね」「S君もいたしね」という声は、子どもたちからも聞こえてきました。S君のお母さんも、「林間には行けなかったけど、キャンプファイヤーやポニー体験をさせてもらえたのはすごく、親としても嬉しかったし、あの学年の友達との関係がすごくよいことを改めて感じました」と、とても喜んで話していました。自分の子のためにそうやって周りの子たちが企画して、計画してやってくれるというところにもかなり感謝をしていたと思います。

⑦先進事例としての他園への影響について

森永園長：東糀谷にある保育園の園長先生から問合せがありました。園長会でお会いする以外に日頃から情報交換したり、よくお話させていただく先生です。保護者の一人から「大森保育園が『林間保育』に行くらしいよ」という話を園長先生が耳にして、問合せの電話が入りました。「先生、どうやって行くの？どこに行くの？バスはどうした？」とことごとく質問攻めでした。先方の保育園も、毎年、2泊3日で富士山の湖のほとりまでお泊まり保育に行かれているとのことでした。しかし、このコロナの状況のなかで行けないのではないか、行くことにしたとしても

どのような対策をすればいいのかというところで話が止まっていて、中断したまま悩んでいたとのことでした。でも、大森保育園の実践を細かくお伝えしたことで、結局は9月にお泊まり保育が実施できたそうです。具体的には、行く前の情報と、どういうところに注意すればよいかという点、交通手段などをお伝えしました。その後、「うちの保育園としてはどうするか」を職員と一緒に話し合いながら、行く方向で準備をされていました。宿泊先からも「ぜひ来てください」と返答があったそうで、そのこともきっかけとなり、満場一致というわけではなかったみたいですけれど、行く方向で準備が進められたようです。

⑧「林間保育」のあり方を再考するきっかけに

岡部事業部長：結局、東京にいるより感染する確率は少ないですし、大自然のなかでゆっくりしてきたという感じですね。例年との違いとしては、ポニーとの触れ合いを今までのようにさせてもらえなかったことでした。向こうの人も初めてのコロナだったので今回はやめましょうということになりました。活動すべてにおいて、いつもやっている濃密な活動や、歩いてポニーの場所や神社まで行くとか、スイカ割りして何をしてという忙しいプログラムを見直したので、ゆったりと過ごせたと引率の先生たちから聞きました。

森永園長：宿泊場所でののんびり感はいつもよりはあったと思います。何よりも、子どもたちが急かされずに次の活動の準備ができたのは、とてもよかったと思います。今まで、

いろいろ詰め込み過ぎていたなと反省する部分はありました。とにかく、何事もなく無事行けて帰って来られたという安堵感と、そこに至るまでいろいろな方にお世話になったことへの感謝の思いでいっぱいになりました。一番は看護師が、私以上に、きっといろいろと配慮する場面とかがあったと思うので大変だったろうなと思います。でも、こうやって、何でもかんでも、コロナだからやらないという選択肢ではなく、どうしたらそれに近い方法で開催できるのかという方向にシフトチェンジするきっかけにはなったと思います。この経験から、できるだけ中止にしない方法で、子どもたちや保護者の方にも、ある程度満足してもらえるような方法を考えていけるように、十分注意しながら実践していこうという風には切り替わっていったとは思います。日々の保育自体もそうですが、行事に関しても、コロナを経験してよかったなということも正直あります。この先、どういう社会になっていくかというところも踏まえながら、そこは上手によいところをピックアップしながら保育を考えていくことが必要です。それと同時に、今までのやり方で、大事にしてきたことも大切にしていきたいです。60人の園児しかいない、世帯数でいうと50数組の規模の園ですから、学年の横のつながりだけではなくて、縦のつながりも大切にしながらも、時代に合った活動の仕方、行事の仕方をその都度で考えていきながら変化をさせていくのが大事なんじゃないかなと思っています。ただやっぱり、そこを考えるのも大人だけの考えではなくて、「子ども

にとってはどうなのだろう」「子どもはどう思っている
のかな」というところもしっかりとらえていかなくては
いけないなと思いました。コロナだから子どもにしわ寄
せがいったり、窮屈な思いをさせたりすることだけは本
当にしたくないと考えています。コロナが落ち着いたと
しても、また次のウィルスが出てきてしまうと同じよう
なことになっていくのかなと思います。ですから、今ま
で経験したよいことも悪いこともしっかりと考えながら
検討しつつ、日々の保育を進めていくことがより重要に
なってくるのではないのでしょうか。

（４）新しい・より良い日常と保育実践〜子どもの視点に立って〜

　災害や感染症拡大の影響によって、保育や行事のあり方など、その時々
の意思決定は保育者に求められます。つまり、保育する側の裁量的判断
に基づいて、最善を尽くし対応をしていくことが保育現場では期待され
ているということになります。ここで、2011 年 3 月 11 日の東日本大震
災における保育者の判断が功を奏した事例を紹介したいと思います。被
災した際に津波の被害を受け、園舎が流出した閖上保育園では、保育士
の意思決定により、避難マニュアルを何度も見直し、変更をしていまし
た。その結果、全園児が被災することなく、全員無事ということでした。
まさに、保育者の日々の保育実践から獲得した知見と専門性が活かされ
た事例といえるでしょう[15]。

　コロナ禍においても様々な現場判断のもと、保育のあり方が変化して
いきました。また、ICT化も急速に進み、オンライン保育や保育の可視
化が進められてきました。これらの事象は、多くの保育現場で従前のと
おり実践されてきた「保護者に見せる保育・行事」を見直す機会にもなっ

ていると思います。このように、「誰のための保育であるか」が問われ、子ども主体のあり方が検討されるようになったことは、コロナがもたらしたポジティブな側面といえるのではないでしょうか。子どもがやりたいと思う、子ども発信の取組は、保護者にとっての楽しい活動にもつながっていきます。なぜなら、子どもがイキイキと活動する姿や楽しく輝いた瞬間が家庭へと届けられるからです。大豆生田（2021）は、「子どもにとってどうか」を考えることは、保育の質を向上させる基盤となり、子どもを中心とした子どもの視点から保育や行事を展開することへと結びつくと述べています。つまり、こうした活動のあり方こそが「子どもを主体にすること」だといえるでしょう[16]。すなわち、新型コロナウィルスという難題が、子ども主体の保育へと転換するための後押しとなったことが理解できます。

　子ども自身も小さいなりに、世の中で起きている異変に対して敏感に反応をしています。国立成育医療研究センターが行った「コロナ×こどもアンケート」の第1回調査中間報告（実施期間：2020年4月30日〜5月5日、対象：乳幼児（0〜5歳）の保護者1,566名）では、3歳以上の過半数が「イライラする」などストレス症状を抱えていたことがわかりました[17]。子どもたちがイライラしていたり、不安な気持ちを抱えているにも拘わらず、「災害予防のため」「感染防止のため」という一面的な視点にとらわれて対応することだけは避けていかなければならないでしょう。また、対策することや予防することを理由として、子どもの気持ちに寄り添うという大切な部分を阻害しないよう大人側が常に意識していきたいものです。

子ども・保護者が安心して通える園づくりに向けて

　コロナの影響で自粛生活が突如として始まり、大人も子どももすべての人が我慢して生活するという経験をしました。大人になれば、自分から情報にアクセスしたり、わからないことは調べたりできるでしょう。しかしながら、小さな子どもは、身近な人からわかる言葉で伝えられなければ、何が起きているのかをきちんと理解することができません。私たち大人は、子どもたちに対して、今般のパンデミックについての説明を十分にしてきたでしょうか。もちろん、皆さんのなかには、「伝えることができた」という方もいらっしゃることでしょう。ですが、ほとんどの方は、未知の感染症に戸惑い、子どもたちへの説明も不十分なまま、目の前の対策に追われていたのではないでしょうか。もしそうであれば、我慢をしなければならない根拠が子どもに語られないまま、ただ耐えることだけが強要されてきた事実があったことになります。そのため、私たちは、これから起こるかもしれない災害や新たなウィルス発生時に、今回の経験を教訓として生かしていくことが大切です。どんなに小さな子どもであったとしても、我慢しなければならない理由や災害が起こる理由、どうして感染症が世界中に広がっているかについて「知る権利」を持っています。また、知るだけでなく、抱えている不安を表に出してよいことも同時に伝えられるべきです。ぜひ、不安な気持ちや怖い気持ちを抱えている子どもがいるようであれば、自由に表現してよいこと（「参加する権利」）について子どもが理解できる言葉で話してあげてください。子どもたちのなかには、地震や避難の絵を描いたり、被災ごっこやコロナごっこをする子どももいることでしょう。しかし、子どもたちは、決してふざけて遊んだり、面白おかしく表現したりしているので

はありません。子どもなりに気持ちの整理をしています。そして、遊び
を通して追体験しながら、子ども自らの力で被害を克服しようとしてい
ます。このような行動や様子、すなわち被災や感染症などの「ごっこ遊び」
が何週間も続くようなら、子どもがうまく気持ちの処理をできていない
可能性もあるので、専門機関へとつなげるようにしてください。

　大人のなかには、上記のような子どもたちの姿を見て、「亡くなって
いる人もいるのに、遊びで表現するなんて不謹慎だ」と指摘する人もい
ることでしょう。そのような場面に遭遇したら、被害があったことや自
分の身近で起きている大惨事を、咀嚼して乗り越えようとしている姿で
あることを伝え、代弁してあげてください。世の中で起きている非常事
態に向かい合っている正常な反応だと考え、どうか温かく見守ってくだ
さい。私たちが無理に止めさせたり、叱ったりすれば、その不安や傷が
癒されることなく、逆に心的外傷後ストレス障害（PTSD）になりやす
い状況を私たちが作ってしまうことにもつながってしまうため、留意が
必要です。

　諸外国では、今回のパンデミックについて、子どもたちに伝えられる
べき内容を吟味しながら、子どもにわかる言葉で正直に伝えています。
例えば、新型コロナウィルス感染症に関して言えば、子どもに向けた記
者会見を開いたり、新規のテレビ番組や特設サイトを開設したりしてい
ます。そして、これらの取組は、政府の責任によって実施され、一つの
窓口（チャンネル）から配信されています。情報源が一つであれば、提供
されるべき内容が整理され、わかりやすいメッセージとして子どもたちに
届きやすくなります。もちろん、私たちの国でも、子どもに向けた素晴ら
しい情報サイトが開設されたり、発信されたりしています。しかしながら、
配信元が一元化されていないことから、なかなか子育て中の保護者や小
さな子どもたちに届いていない、伝わっていないのが現状といえます。

　ぜひ、この機会に皆さんもこれまでの行動の振り返りを行ってみてください。例えば、子どもの言葉で災害や新型コロナウィルスについて、その時期に応じた説明をしてきたかどうか、対策や予防に目が向いてしまい、子どもの心身のケアが後手にまわっていなかったかどうか、災害への備えについては、大人が主導権を握りすぎて子どもの主体性を奪っていたのではないかなどといった問いに答えてみましょう。どうか子どもたちの意見や想いにも耳を傾けてあげてください。具体的には、本書の第 4 章でもお示しする防災キャンプや防災ピクニックを行ってみたり、日頃の備えを消費したりしながら備蓄をしていくローリングストック[18] をしてみましょう。子どもの好きな食べ物などを加えながら用意してみることも有効となります。大人自身の言葉で伝えにくい内容や説明が難しい場合には、絵本やICTなど身近にあるツールを活用してみるのも一案となるでしょう[19]。

　今後、子どもたち一人ひとりの権利を擁護していくためにも大人の見守りと関わりは欠かせません。何よりも子ども自身が安全と感じられる環境のなかで、心身ともに安心して、自分らしく、その時々の最善が享受されることが大切です。そのことを目指して生活していけるように私たち大人が手助けしていくとともに、心のケアも意識しながら関わっていくことが強く求められています。大森保育園の実践でも語られていましたが、「目の前の子どもの現在は、今しかない。そのために私たち大人に何ができるのか。何をこの時期に子どもたちに経験してほしいのか」を感染対策や防災対策などと並行させながら検討し、一つひとつできることを形にしていくことが大切になってきます。

　保育者の皆さんには、公共性の高い事業を担う者としての自覚を持ち、組織の意思決定において重要な存在であることを常に意識してもらいたいものです。そして、保育者自身のケアも忘れないでください。保育者

のウェルビーイングが保障されてこそ、子どものウェルビーイングが実現していきます。時として難しい決断が求められる局面もあろうかとは思いますが、子どもが自らの生活における主体者(子どもが中心)となっているかを判断材料とし、その時々のベストを組織ぐるみ(ワンチーム)で考えながら、子どもにとってのよりよい実践を目指してほしいと願っています。

謝辞

執筆にあたり、新型コロナウィルス感染症への対応でお忙しいなか、インタビュー調査にご協力いただきました社会福祉法人大洋社事業部長の岡部繁氏、同法人大森保育園園長の森永佳奈子先生、同園5歳児担任の植木菜摘先生に深くお礼申し上げます。

注

1　厚生労働省子ども家庭局母子保健課「令和 2 年度の妊娠届出数の状況について」令和 2 年 12 月 24 日公開資料　https://www.mhlw.go.jp/content/11920000/000709453.pdf

2　内閣府「新型コロナウィルス感染症を踏まえた少子化対策の主な取組」令和 3 年 2 月 24 日資料　https://www8.cao.go.jp/shoushi/shoushika/law/pdf/r030224/corona_torikumi.pdf

3　特定非営利活動法人全国認定こども園協会「新型コロナウィルス感染症対策に係るアンケート調査報告書」2020 年 8 月 31 日発行

4　児童虐待相談対応件数の動向について（令和 2 年 4 月〜令和 3 年 3 月）の速報値　https://www.mhlw.go.jp/content/000863298.pdf

5　認定 NPO 法人しんぐるまざあず・ふぉーらむ＆シングルマザー調査プロジェクト「新型コロナウィルス深刻化する母子世帯の暮らし− 1800 人の実態調査・速報」2020 年 8 月 28 日公開レポート

6　後藤道夫「新自由主義改革と子育て世帯　中間階層化・低所得化・格差の長期拡大／固定」、全国保育問題研究協議会編集委員会『季刊 保育問題研究』新読書社、第 306 号（2020 年）

7　厚生労働省「低所得の子育て世帯に対する子育て世帯生活支援特別給付金（ひとり親世帯分）について」及び「低所得の子育て世帯に対する子育て世帯生活支援特別給付金（ひとり親世帯以外の低所得の子育て世帯分）について」、一般社団法人 すまいづくりまちづくりセンター連合会　セーフティネット住宅　https://www.safetynet-jutaku.jp/guest/system.php　を参照。2021 年 7 月 30 日閲覧

8　池本美香「コロナ禍で明らかになった子ども・子育て支援の課題—ニュージーランドとの比較をふまえて—」日本総合研究所『税・社会保障シリーズ No.45　リサーチ・フォーカス』2020 年 8 月 7 日 No.2020-016（2020 年）

9　天野珠路「コロナ禍における保育所の対応とその課題—子どもと保護者のケアを担う—」『鶴見大学紀要』第 58 号、第 3 部、pp.13-20（2021 年）

10　世界 OMEP 理事会、OMEP 日本委員会理事瀧口優・森眞理・一見真理子・大庭三枝翻訳「OMEP 世界幼児教育・保育機構声明書新型コロナウィルス感染症時代の幼児教育・保育の保障を！」2020 年 6 月 25 日署名

11　柴田洋平・板垣義一・今西淳浩『どうする！ 防災・感染症対策』チャイルド社（2020 年）

12　株式会社明日香「新型コロナウィルス禍での保護者に知って欲しいことに関する調査」2020 年 10 月 28 日公開資料　https://www.g-asuka.co.jp/topics/20201028.html　2021 年 8 月 20 日閲覧

13　東京大学大学院教育学研究科附属発達保育実践政策学センター「保育・幼児教育施設における新型コロナウイルス感染症に関わる対応や影響に関する調査」報告書 vol.1〈速報版〉、2020 年 6 月 10 日

14　株式会社こどもりびんぐ「コロナ禍の園状況」ヒアリング調査　2021 年 5 月 21 日ニュースリリース資料　file:///Users/admin/Downloads/d57067-91-pdf-0.pdf　2021 年 8 月 20 日閲覧

15　田澤薫・佐竹悦子「保育所における保育士の意思決定—宮城県名取市閖上保育所の東日本大震災避難事例に学ぶ—」『聖学院大学論叢』第 27 巻、第 2 号、第 3 部、pp.15-27（2015 年）

16　大豆生田啓友編『園行事を「子ども主体」に変える！』チャイルド本社（2021 年）

17　国立成育医療研究センター「小さなこどもたちの生活とこころの様子【コロナ×こどもアンケート】中間報告（保育機関向け）」2020 年 6 月 8 日
第 1 回調査の本報告等は、以下にて発表されています。
http://www.ncchd.go.jp/center/activity/covid19_kodomo/report/index.html#3tab

18　保存食を備蓄しておくことは大切ですが、日常、自分や家族が好きなものや欠かせない食料の備蓄を取り込むという考えであれば無理なく備蓄ができます。普段から少し多めに食材や嗜好品を買っておき、消費したら使った分だけ新しく買い足していくことで、常に一定量の食料を家に備蓄しておく方法をローリングストックと呼びます。食料等を一定量に保ちながら、消費・購入を繰り返すことで、消費期限を気にすることなく、日常生活に近い食生活を送ることができます。

19　松永展明監修・WILL こども知育研究所編集『どうして しんがたコロナになるの？』金の星社（2020 年）。出版社の解説では、「とつぜん園も学校もお店もお休み。友だちにも会えず、何度も手を洗わせられる。なんで？ 訳もわからず自粛生活を強いられる子どもたちがコロナを理解し、感染予防策

を身につけられる、やさしい新型コロナの絵本。連日、感染者が増え続け、終息時期が見えないウイルス"新型コロナ"。急に保育園、幼稚園、学校が休みになったり、公園や遊園地にも行きづらくなった子どもたちも、不安な気持ちでいっぱいになっていることでしょう。この絵本は、やさしいイラストと言葉で、"新型コロナ"について幼児にも理解しやすい内容になっています。巻末には『おうちの方へ』というコラムもご用意し、親子で学べます」と記載されています。筆者おすすめの絵本ですが、筆者が実際に保育園に通う5歳年長児に読み聞かせをしたところ、「バイキンで悪い病気の素がお口から入らないように、自分たちで体を守っていかないといけないのだよね」「新しい病気だから、まだお薬がないから、外ではマスクをして気をつけているよ」「手を20秒洗うと、菌がいなくなるよ」「私は、ハッピーバースデーの歌を歌って手を洗うよ」などの発言が得られました。本書を執筆している2021年9月の時点では、保育園でのクラスターなど乳幼児の感染も増えていることから、絵本なども活用しながら、子どもにもわかる言葉で、正確な情報と説明をしていくことが重要となってきます。

第2章

被災地における
保育施設の役割と備え

1 保育を止めないための災害への備え

　1995年に起こった神戸を中心とする阪神淡路大震災から27年が経過しました。気象庁は1997年以降の日本付近で発生した主な被害地震の状況を発表しています。過去5年の地震の状況を見ても、震度5〜6の地震が多くあり、2018年の熊本地震、北海道胆振東部地震では最大震度7の地震が起こっています。

　2011年に起こった東日本大震災では、想定外の広範囲に及んだ津波、また想定外の原発事故が起こり、予想を超えた被害が多く出ました。

　被災地といっても、被災した場所によって被害の大きさも、困難さも違います。しかし、被災後、保育を止めないよう、それぞれの園が様々な工夫・取組を行ってきています。

　震災直後から時間の経過とともに各園で保育を止めない様々な工夫があります。第2章では、東日本大震災後の園の対応や日頃の備えについて「保育所保育指針」等を参考にしながら述べていきます。

2 東日本大震災後の園の対応（日頃の備え）

（1）東日本大震災の状況

　2011年3月11日、14時46分、東北地方太平洋沖地震は宮城県の牡鹿半島東南東130km付近の深さ約24kmを震源として発生しました。マグニチュード9.0、特に震度が大きかったのは宮城県北部の7でした。

　消防庁の発表によると、死者は19,759人、行方不明2,553人となって

います（令和 4 年 3 月 1 日現在。人的被害については東北地方太平洋沖
地震の余震による被害、3 月 11 日以降に発生した余震域以外の地震で
被害の区別が不可能なものも含まれています。）。東北地方においては、
沿岸部において高齢者の死亡や行方不明が多く、想定外の津波の大きさ
から逃げ遅れた例が多いと考えられています。

（2）子どもの被害の状況

　2011 年の「防災白書」によると、地震が起こった時間帯が昼間という
こともあり、子どもたちは保育所や幼稚園、学校におり、東北三県の場
合、0 〜 9 歳の死亡者は、3.9 ％、10 〜 19 歳は 2.6 ％となっています。
多くの命が犠牲となった東日本大震災ですが、日頃からの防災対策によ
り、日中に発生する震災の被害を大きく食い止めることはできると思い
ます。

　なお、東日本大震災で両親ともに死亡又は行方不明となった震災孤児、
両親のどちらかが死亡又は行方不明となった子どもである震災遺児は、
合わせて 1,500 人を超えています。震災後、親族里親が増えたとの声も
あります。

（3）保育施設の被害の状況

　厚生労働省の発表では、被災した保育所については、東北三県（岩手・
宮城・福島）で 1,613 か所、うち全・半壊は岩手県 18、宮城県 53、福島
県 13 か所となっています。文部科学省の発表では、被災した幼稚園は、
全体で 941 か所となっています。

　東北地方太平洋沖地震が起こった時間帯は午睡中又は午睡後のおやつ
の時間帯でした。被災した保育施設で、保育所 1 か所と幼稚園 2 か所の
子どもが保育時間帯に津波に飲み込まれ、犠牲になりました。保育施設

では、地震や火災を想定した避難訓練が行われていましたが、津波を想定した避難訓練は多くの園では行われていなかったと考えられます。保護者に引き渡した後や園から自宅に子どもを帰宅させるために送迎バスを出し、被害に合った子どもたちもいました。子どもたちの命を守るためには、様々な災害を想定した防災マニュアルの充実、そのマニュアルの周知徹底、多様な形での避難訓練の実施を通した職員一人ひとりの防災意識への向上などが必要とされています。

（4）見えない放射能汚染の問題

　震災により起こった津波により、宮城県、岩手県や福島県では、多くの被害を受け、多くの尊い命が失われました。

　筆者は2011年に岩手、宮城の被災地を訪れる機会がありましたが、時が経つにつれ、がれきが撤去され、プレハブでの商店街の設置、コンビニの再開など、復興の様子が目にうつりました。

　東北三県の中で、特に福島県は、原発による被害を多く受けました。福島県は、浜通り、中通り、会津地方に分かれていますが、原発がある浜通りでは、津波、そして放射能による汚染により、多くの被害を受けました。

　筆者は2013年、東京電力福島第一・第二原子力発電所がある地域を訪問しましたが、帰宅困難区域となった場所は、生活者がいなくなり、汚染された土砂を入れた巨大な袋が積み重なっていました。住む人たちがいない街を見渡した際には大きく心が痛みました。

（5）放射能汚染による転居

　津波による被害と合わせて、広範囲に渡った見えない放射能汚染により、これまで住んでいた地域から住む場所を移動せざるを得なくなった

家族も多くいました。住んでいた場所が放射能汚染により帰宅困難地域となり、他県への引っ越しを決めた家族の中には放射能汚染による子どもへの影響に不安を感じた家族もいたのです。その結果、福島では子どもの数も減少しました。

（6）「保育所保育指針」における災害への備えに関する記述

「保育所保育指針第3章　健康及び安全」において、災害への備えについて以下のように明記しています。

４．災害への備え

（1）施設・設備等の安全確保

ア　防火設備、避難経路等の安全性が確保されるよう、定期的にこれらの安全点検を行うこと

イ　備品、遊具等の配置、保管を適切に行い、日頃から、安全環境の整備に努めること

（2）災害発生時の対応体制及び避難への備え

ア　火災や地震の発生に備え、緊急時の対応の具体的内容及び手順、職員の役割分担、避難訓練計画等に関するマニュアルを作成すること

イ　定期的に避難訓練を実施するなど、必要な対応を図ること

ウ　災害の発生時に、保護者等への連絡および子どもの引き渡しを円滑におこなうため、日頃から保護者との密接な連携に努め、連絡体制や引き渡し方法等について確認しておくこと

（3）地域の関係機関等との連絡

ア　市町村の支援の下に、地域の関係機関との日常的な連携を図り、必要な協力が得られるよう努めること

イ　避難訓練については、地域の関係機関や保護者との連携の下におこなうなど工夫すること

「保育所保育指針」解説によると、災害の備えを追記した背景について以下のように記されています。

平成23年に発生した東日本大震災を経て、安全、防災の必要性に対する社会的意識が高まっている。災害発生後は、保育所が被災者をはじめとする地域住民の生活の維持や再建を支える役割を果たすこともある。子どもの生命を守るために、災害発生時の対応を保護者と共有するとともに、平時からの備えや危機管理体制づくり等を行政機関や地域の関係機関と連携しながら進めていくことが求められる。

　東日本大震災をきっかけに保育施設では危機管理体制づくりがより重要視されるようになりました。

　「保育所保育指針」では、防火設備・避難経路等の安全確認や安全環境の整備、災害発生に備えたマニュアルの作成、定期的な避難訓練の実施、災害に備えての保護者との連携、地域の関係機関との日常的な連携や避難訓練の実施などが記されています。

③ 保育施設の災害発生時の対応体制のあり方の見直し

　全国保育協議会は、2013年3月に「東日本大震災被災保育所の対応に学ぶ～子どもたちを災害から守るための対応事例集～」を出しています。この事例集の第Ⅱ章において、震災後、被災地域の保育所で取り組まれている防災対策の見直し事項に関する事例を集めていますが、ここでは、その内容を紹介します。

（1）訓練関係

　多くの保育施設では、震災発生以前から防災対策として、保育施設や環境の安全性を確認していました（「児童福祉施設の設備及び運営に関する基準」では、月1回の訓練を行うこととされています）。

　地域との連携という点では、消防署や警察署の職員による防災講話や消防署の見学など子どもたちが防災を身近に感じるような活動を取り入れている園もあります。

- 避難訓練が形骸化しないよう、事前に知らせないかたちで避難訓練を実施している。訓練の実施後はその都度、対応として足りなかったことなどを反省すべく話し合いを持っている。これを繰り返すことで、現在は職員一人ひとりがみずから子どもたちを安全に避難させるために必要な行動等について考えることにつながった
- 震災前は、避難訓練を行うことは伝えても、具体的にどんなことをやるのかまでは子どもたちに十分伝えていなかった。震災後の避難訓練では、訓練の前にどんなことをやるのかをていねいに伝え、子どもたちに心の準備をさせて訓練を実施したところ、真剣で落ち着いた行動へとつながった
- 保護者と子どもが一緒に避難訓練を月 1 回行うようにした
- 災害発生時の園長不在など、様々な状況を想定し、どういう状態にあっても職員が的確に動けるようになるため、多様な設定での訓練を施している
- 防災訓練の実施にあたっては、震災以前よりもさらに具体的発生状況を想定して行うように変更している。例えば、保護者が迎えにくる訓練についても、その実施日時などについて、これまで行っていた以外の発災設定として実施するなどの工夫をしている

出典：全国保育協議会（2013）「東日本大震災被災保育所の対応に学ぶ～子どもたちを災害から守るための
対応事例集」p16

（2）設備・物品の備蓄

　地震発生直後、ライフラインにも大きな影響が出ました。停電、断水により、電気、水が使用できない、またガソリン不足で職員が出勤できないといったこともありました。

　園内の設備の見直し、子どもの発達状況やアレルギー対策も含めた関係食品の備蓄など、震災避難時に困ったことなどの情報からそれぞれの

園の状況に合わせて設備や物品の備蓄がされています。

- すぐに高台に逃げられるように、保育所のすぐ裏山に道を確保した。現在、避難訓練で使用している
- 高台へ避難する際、急傾斜が崩れたら乳母車は使用できないので、おんぶ紐を使用し、おんぶと抱っこで避難する訓練を実施するようになった
- 非常食・非常用品を屋内だけに置いておくと、万が一園舎が崩れた場合、使用できなくなるため、園庭に非常食と非常持ち出し用品の保管倉庫を新たに設けた。鍵の保管場所については全職員で共有し、誰でも必要な時すぐに倉庫を開けることができるようにしている
- アルファ米を含めた非常用持ち出し品を積んだワゴンを用意し、扉を開ければワゴンをすぐに取り出せる倉庫内に置いた
- 紙コップは園児たちには使いにくく、中身をこぼしてしまうことが多かったので、ペットボトルを用意するようになった
- 乾パンは硬くて子どもが食べることができなかったので、子どもたちが食べられるように柔らかいクッキーを備蓄するようにした
- 災害時でもアレルギー対応の食事が提供できるよう、関係食品を備蓄するようにした
- 保育所の廊下のガラスに補強テープを貼って、災害時に危険が発生しないよう対応した
- 災害発生時に園内待機を行うことも想定して、園内の安全な場所と危険な場所にそれぞれ識別できるシールを貼り、職員・園児がそれをきちんと見分けられるようにした
- 震災後、非常用のバッテリーを購入し、停電時でも携帯電話が充電できるようにした

出典：全国保育協議会（2013）「東日本大震災被災保育所の対応に学ぶ〜子どもたちを災害から守るための対応事例集」p16〜17

（3）その他（保育内容等）

地震発生直後は、避難し、あらゆる危険から子どもを守ることが最優先でした。地震や津波により園舎が使えないこと、子どもの被災体験による心への影響、原発事故により屋内での遊びが多くなり活動が制限されることなど、子どもの心身の育ちに対して保護者も保育者も不安を感じていました。

外遊びが制限される中で、屋内で体を動かす遊びの工夫や放射能測定器を活用した安全の確認など、どのような状況にあっても子どもが安心して保育施設に通うことができるよう、保育内容等が見直されています。

- 災害に備えて、保育所で炊き出しが可能な献立を作成した
- 電気やガスが使用できない状況を想定して保育を行うシミュレーションを行った（空調管理や調理を含む）
- 園独自で災害用の手引きを作成し、非常時の対応方法を職員間で周知徹底している
- 震災後、保護者を対象に携帯電話等を使ったメールでの緊急連絡網の再構築を行うとともに、簡易型の自家発電機を設置するようにした
- 様々な保育場面において子どもたちの人数確認の回数を増やすようにし、職員がいつでも正確な人数の把握をしているようにした
- 震災の影響により外遊びが制限される中、子どもたちが体力を落とさないように園の運動カリキュラムを見直し、幼児体操を学んだ経歴を持つ職員がプログラムを考案して、取り組んでいる
- 震災の影響により外遊びが制限される中、家の中でもできるような遊びについての資料を保育所内に掲示し、保護者へ伝えている
- 保育所の休園日でも外で子どもたちが遊べるように、放射線量が低い場所を示したマップを園内に掲示し、保護者に情報提供を行っている
- 放射線による体内被曝を避けるために、保育所では毎日、給食に使用する食材について、放射能測定器で計測し、安全を確認している

- 原発事故の影響による放射線の量を下げるために、保育所の園庭の表土除去を行ったり、園庭の芝生を入れ替えた
- 保育所で毎日、園内の様々な場所で放射線量を計測し、その結果を表示して、保護者に対して数値をお知らせしている
- 原発事故による影響を避けるべく、登・降所時は、長袖、マスク、帽子等の着用を保護者に促した
- 震災から1〜2か月経過すると、原発事故による影響についての保護者の方がたの不安の声が一層高まった。園として、保護者の意向を確認し、窓を開けたり、エアコンを使用したりせず、扇風機を使用したり、水分をなるべくとるようにして保育を行い、不安軽減を図った
- 原発事故による影響で、当地域では自治体から屋外活動を制限する指示が出ているため、運動能力が低下してしまう恐れがあり、遊戯室や廊下を使用して屋内遊びを工夫したり、体育遊びやリズム遊びを意識して運動を行った
- 原発事故による影響により屋外活動が制限されたので、夏場は、園の玄関部分や屋内テラスを活用して、水遊びを行った
- 原発事故による影響で屋外遊びが制限されたが、子どもたちが砂場遊びで楽しむことができるように、園庭に砂場用のハウス（小屋）を設けたり、園舎内でも砂場遊びができるスペースをつくった

出典：全国保育協議会（2013）「東日本大震災被災保育所の対応に学ぶ〜子どもたちを災害から守るための対応事例集」p17〜19

（4）避難の備えについて

　子どもを安全に避難誘導するためには、（1）の避難訓練の経験が子どもや保育者に自然と身に付くことが必要です。自然に身に付けるためには時間と労力が必要であり、避難場所の把握とルート確認、第一次避難場所と第二次避難場所の想定なども必要になります。保育施設にいる子どもたちは年齢によって能力が異なります。保育者の誘導にしたがって避難できる子どももいれば避難車やロープなどの避難補助が必要となることもあります。

> - 震災発生時に、0 〜 2 歳児は、2 階に設置してある非常階段からの避難が難しく、使えなかった。今後は、すべり台式へと改修するように考えている
> - 災害後、避難ルートの交通量や道幅をチェックしながら避難経路の再確認をした
> - 震災後は各クラス単位で揃ったところから高台に避難するようマニュアルを変更した
> - 避難車と散歩車は別のものとして分けるようにした
> - 避難先まで保護者とともにあらためて経路を確認した。また、避難マップを作成し、保護者へ配布している

出典：全国保育協議会（2013）「東日本大震災被災保育所の対応に学ぶ〜子どもたちを災害から守るための対応事例集」p19〜20

（5）保護者等への連絡と子どもの引き渡し方法

　震災後は、避難訓練の具体的内容を子どもに伝えたり、様々な状況を想定した訓練、保護者への引き渡しも含めて訓練を行うなどしています。緊急時にはすぐに保護者が子どもを迎えに来るということが通念としてありましたが、東日本大震災では保護者に引き渡し後に津波に巻き込まれたりといった被害もありました。保護者に緊急連絡する手段がない場合も考え、あらかじめ第一次・第二次避難場所を周知している園もあります。

　今後は園のホームページ上の掲示板の活用、一斉メールによる情報の送信により、引き渡し方法を再度伝えるといった保護者や家族との連絡体制の整備がより一層求められます。

> - 震災後、保育所のホームページ上にあらたに掲示板を設置した。掲示板はホームページ上でパスワードを入力すると、保育所からの情報をパソコンや携帯電話等のモバイル端末から見ることができる設定としており、災害時にもこの掲示板機能を活用して、保育所からの情報を送信できるようにした。また、

災害時の園児の避難先などといった重要な情報を、事前に保護者に登録していただいたメールアドレスに一斉に送信できる仕組みを作った

● 緊急時に保護者と連絡がとれるよう、携帯電話の番号を教えていただくようにした

● 今回の震災では安否確認に時間がかかってしまったため、災害が発生した時は保育園の玄関前、第一次避難所、第二次避難場所に、現在避難している場所等を記入した紙を掲示することとし、避難している場所が伝わるようにして、安否確認がスムーズにできるように変更した。保護者へは、入園の時、保護者参観日の時に周知をしている

出典：全国保育協議会（2013）「東日本大震災被災保育所の対応に学ぶ〜子どもたちを災害から守るための
対応事例集」p20〜21

 # 被災地の園が果たす役割と課題

2019年11月に福島県こども・青少年政策課「少子化・子育て施策の進捗状況」によると、福島県の出生数は2012年には14,000人を下回りました。合計特殊出生率は2020年に1.48となり、全国平均は上回っているものの、少子化が進行している状況にあります。

未就学児童全体は年々減少している一方で、保育の申込みは増加しており、未就学児全体に占める割合は、2018年には42.6％となっています。

東日本大震災における子どもの避難状況としては県内外に避難している18歳未満の子どもの人数は減少しているものの、2019年4月1日現在で8,784人となっています。

福島県こども・青少年政策課「少子化・子育てに関する県民意識調査」によると、震災による子どもへの影響で心配なこととして、「子どもの健康」が50.3％、以下「外遊び・自然体験の不足」が37.7％、「震災体験

が子どもの心に与える影響」が 28.0 ％、「運動不足」が 27.6 ％となっています。また、肥満傾向も指摘されています。震災以降すべての年齢でその傾向が強くなり、原発による放射線物質の拡散に伴う屋外活動の制限等により、子どもの遊び方が大きく変わったことが影響しているのではないかと考えられています。

　子育てに関する困りごととしては、「食品の安全性」が 10.3 ％となっており、今も不安を感じていることがわかります。

　福島市は、福島第一原子力発電所から北西に約 60 km の所にあり、原子力発電所からは離れた距離にありますが、ホットスポットとなった地区もあります。

　福島県内では、度重なる余震、そして放射能汚染により、外での遊びは制限され、運動不足と同時に体を思い切り動かすことができる場所が制限されている場所も多くありました。散歩や砂遊びといった何気なく行っていたことができなくなり、子ども時代の経験が限られたものとなり、散歩や砂遊びといった何気なく行っていたことができなくなることは、子どもの健やかな育ちに大きな影響を与えます。

　福島市内のある保育所では、震災後に、放射能防護学の研究者が園庭での除染の実験をし、土を掘ることによって放射能の数値が減ることを示し、保護者とともにそのデータを持って市役所を訪問し、行政による園庭の土の除去などを早い時期に実現しました。また砂場の土も県外のものに入れ替え、毎日線量を計測し、線量が高ければ除染することを繰り返したといいます。保護者とともに取り組んだ除染対策は、子どもを安心して預けることができる環境を作り、園独自で測定器を購入し、給食を作る際に使用したとのことです。

　線量を計り、目に見える形で安全を確認できるこうした取組は、保護者の安心にもつながります。被災した園での様々な取組から学び、様々

な視点から防災を考えることが必要となってきます。

　福島県では、東日本大震災から２年経過した2013年に「子どもを元気にする保育環境づくりアドバイス集」を公益社団法人こども環境学会の協力を得て作成しています。日本の他の地域では経験したことのない原発災害による子どもの肥満や、外遊びが減少したことによる体力の低下、自然と触れ合う機会の減少など子どもの健やかな成長に対する新たな課題が起こりました。こうした県内各地の現状をふまえつつ子どもたちの心身の豊かな発育を実現するために、発達段階によりどのような取組が必要かについて付帯的内容を例示した内容となっています。このアドバイス集のはじめに保育課程の見直しの項目があります。その内容を紹介します。

　　「震災はこれまでの保育における貴重な経験や蓄積を奪ったが、今、その復興にあたり、震災で失ったものを以前と同じようにただ取り戻そうとするのではなく、あらためてその意義を問い直しながら再構築していくことが大切である。
　　これまで何気なく行ってきた保育や教育の必要性の再確認と、それぞれのプログラムを実施するうえでの問題点の確認、震災の影響で実施できなくなったものに対する補完プログラムの提案や到達点の再確認、こうしたことが保育の現場できめ細かくなされる必要がある」

　福島県に限らず、被災した園には様々な分野の専門家が訪問し、保育課程や保育内容の見なおしなど専門的見地からアドバイスや保育者との意見交換がなされています。それぞれの園で被災状況は異なりますが実情に合わせた柔軟な対応を参考にしながら保育を見直し、よりよい保育が行えるようなヒントを得ることができます。

　被害が大きかった東北地方は、震災前から人口の減少や高齢化などが進んでいました。被災してからはその傾向がより一層強まっています。

　子どもの育ちの面では、外遊びの減少や環境の変化に伴うストレス等が生じました。こうした課題を解決するためには子どもの遊び場や運動する場づくり、震災を契機として行われた保育課程や保育内容の見直し、子どもの育ちを身体面や精神面の両面から支援できる保育者の人材の育成が大切です。

5　事例検討（福島県で被災した園で勤務する保育者の語りから）

　Aさんは、東日本大震災が起こった日に現在勤務する園とは別の幼稚園に勤務していました。卒園式を14日に控えた日に園で被災しました。子どもの安否確認をしつつ、14日に開催されるはずだった卒園式がなくなったことを保護者に連絡する手段がなかったため、ラジオ局に行き、情報を流してもらったといいます（卒園式は6月に開催した）。要録は郵便がいつ届くのかわからないため、車で小学校へ届けたそうです。

　4月に入り、以前勤務していたカトリック幼稚園に勤務することになり、被災後の保育の取組を始めました。園児は合格しても休園した者もいて、数ヶ月後に戻ってきた者もいました。園舎は全壊となりましたが、入園式に間に合うように系列の小学校の1階を幼稚園として準備したそうです。

　園舎は放射線を浴びているので、すぐには壊せず、業者さんも入れない状況で仕分けも必要でした。

　カトリック幼稚園ということもあり、国内外から支援が集まり、募金、おもちゃ、絵本などの寄付がありました。

　園での保育が再開してからは、ひたすらマスクをつけ、飲み水は水筒持参、遠足はバスに乗り、放射線量の低い所にでかける日々でした。

いもの苗を植え付けるなど土を触ったり、外で食事をとることができない状況は長く続きました。

　その後、福島県内では、外の放射線量を気にすることなく遊ぶことができる室内遊び場ができ、そちらに園外保育に行くこともありました。子どもたちはガラスバッジという子どもがどのくらい線量を浴びているのかを見るバッジをつけながら過ごしていました。

　夏になり、いつもであれば自由にできる水遊びが困難となりました。プールの水は放射線量が高く使用できませんでした。しかし、自由に遊ぶ環境を作りたいという思いから園内で意見を出し合い、市内にあるスポーツクラブに協力いただき、休業日にプールを借りて数回園外保育として水遊びを自由に行ったこともあったそうです。このスポーツクラブの施設内使用の協力は新しいプールができるまで使用が続き、現在は月1回活用させていただき、地域にある設備を活用することで子どもたちが思い切り水遊びを楽しむことができるようになりました。

　園では、新園舎が震災から2年後にできましたが、土を自由に触ることができ、放射線量を気にせずに遊べる環境を作りたいという思いから、園舎内に砂場や遊具を作りました。こちらは全天候型で、雨が降っても利用ができます。現在、子どもたちは自由に外で遊んでいますが、室内の砂場や遊具も使用し、外と室内遊具で分散して遊ぶことができるようになり、現在のコロナウィルス感染予防の観点からも自然に子どもたち同士が密にならない遊びが展開されています。

　放射線量の関係からこれまで自由にできていた様々な経験を中止せざるを得ない状況がありましたが、幼稚園は教育施設であり、ただ中止しているのは教育ではない、どのような状況であってもいろいろな経験ができるようにと職員会議で意見を出し合ったそうです。

　福島県の保育施設では、子育て中の家族が県外に避難した方も多く、

子どもの人数は減り、保育施設の休園も出てきています。Aさんが勤務する園では放射能の関係で子育て中の家族は近県に避難していましたが、震災から 10 年が経過し、県内に戻ってくる家族もおり、園児の人数も徐々に戻ってきているといいます。

　保護者への連絡については、電話と併用して、2012 年頃から一斉メールを使用するようになりました。電話だけでは、つながらない可能性もあるためです。

　また、ハザードマップについては教育委員会からのアドバイスを受け作成しています。福島県内では震災により園舎の損壊だけではなく津波と原発の影響があった浜通り、原発から数十 km 離れていても放射線量の影響を受けた中通りと地域によりそれぞれの生活上の困難さは異なります。また、同じ福島市内でもがけのあるところでは避難訓練等も気を付けるところは異なります。Aさんの勤務する園では、1 学期は一斉活動の中で机の下に隠れるなどをし、地震が起こった際の対応を少しずつ行っており、2 学期は園内のいろいろな場所に子どもたちがいる際に地震が起こった場合、近くの先生の所に行くよう伝えるとのことです。避難訓練は様々な形がそれぞれの園で工夫されていますが、大きな地震で子どもがけがをしないように、また避難訓練をこわいものと思わないようにしています。

　震災から約 10 年が経ったところでのコロナウィルス感染拡大があり、Aさんの勤務する園では、終業式を前倒しして行いました。入園式は一斉休園のため中止（5 月末に入園式を開催した）となり、4〜5 月は休園となりました。しかし、インフラ系の職に従事している方や医療、行政などに勤務されている方はお互いが納得したうえで短時間の預かりをしたこともあったそうです。

　子どもの育ちに関しては、2 か月幼稚園生活がなかったことで育ちが

ゆっくりと感じたそうです。遠方への遠足などができなくなりましたが、外で思い切り遊ぶ経験はさせたいという思いから園外保育の代わりに、歩いていくことができる公園に行き、お昼まで遊んで昼食は園で食べるなどを行いました。

　参観日のやり方も変更し、各家庭1名の参加、学年で曜日を分けて実施し、保護者会は書面開催となったそうです。

　東日本大震災により被災した園では、地域の状況によって様々な生活の困難さがありました。そのうえで今しか経験できないことを大切にし、系列の小学校や地域にある施設に協力を得ながら保育を行ってきています。放射線量を気にすることなく園内に設置された砂場や遊具は雨の日でも利用ができ、現在は外と園内で分散して遊ぶできる場となっています。放射能の災害下でも工夫をすることで子どもたちがのびのびと遊ぶ環境ができることは、保育や遊びの質を担保できると考えられます。震災により子どもの遊びが制限され、常に放射線量を気にせざるを得ない状況であっても、保育者が子どもの育ちや環境に目を向け、子どもが安心して遊ぶことができる環境を作ることの大切さに気付くことができます。

　東日本大震災、震災後各地で起こる災害、そしてコロナウィルス感染拡大がこの10年に起こりました。津波、地震、放射能による健康被害、コロナウィルス感染拡大による感染者の増加など、私たちの想像をはるかに超えた生活の困難さ、また行動の自粛、制限などが続いています。被災した保育施設で勤務していた保育者が震災時から現在までどのような取組をしているのか、またどのように子どもの育ちを保障し続け保育を行ってきたのかという各園の実践から学び、震災や感染症拡大を契機として安全な環境を整備していくことが大切です。

参考文献
・内閣府「平成23年度防災白書」
・国土交通省　気象庁「日本付近で発生した主な被害地震（平成8年以降）」（令和4年1月24日閲覧）
・柴田卓・伊藤哲章・仲西真美子・三瓶令子「東日本大震災後の幼児の発達に関する保育者の意識調査―福島県内の保育者を対象とした質問紙調査から―」『郡山女子大学紀要』第56巻（2020年）
・全国保育協議会「東日本大震災被災保育所の対応に学ぶ～子どもたちを災害から守るための対応事例集～」（2013年3月）
・福島県子育て支援課作成、公益社団法人子ども環境学会監修「子どもを元気にする保育環境づくりアドバイス集」（2013年）
・公益社団法人　日本ユニセフ協会　岩手県保健福祉部児童家庭課「東日本大震災津波　岩手県保育所避難状況記録　子どもたちはどう守られたか」（2015年）
・福島県こども・青少年政策課「データで見る少子化・子育て施策の進捗状況について」（2019年）
・徳田克己・安心院朗子・水野智美・西館有沙「震災後の幼稚園及び保育所における防災教育の変化と課題―東日本大震災前後の教育の実施状況と子どもの恐怖反応の有無に関する調査をもとに」（2014年）

第3章

障害のある子どもや「気に
なる子ども」と災害・感染症

コロナ禍を踏まえたこれからの保育のあり方

　2011年の東日本大震災、2020年の新型コロナウィルス感染症。日本は、10年を置かず大きな災害等に見舞われ、翻弄されています。災害や感染症などの社会的な危機に直面すると、障害や慢性疾患のない人でも災害"弱者"になることがあります。社会全体が一様に困難を抱える際、普段から様々な面で不自由を抱えている人々は、もっと困難な状況に置かれる可能性があります。

　災害や感染症には、避難訓練の徹底や日々の行動様式の変更などで、いつもの暮らしの中である程度備えることが可能です。しかし、2020年以降のコロナ禍の影響や、さらに発展し続けるオンラインの状況などを加味すると、障害のある子どもたちを含めた多様な子どもたちが安心できる生活や園環境を守るためには、より時代に即した対応が必要となることでしょう。

　以下では、主にコロナ禍を中心として、特に「発達・知的障害のある子ども」たちや、「気になる子ども」たちの生活に即した問題点、そして実際の園の様子などを確認します。そして、子どもたちが安心した生活を継続できるよう、コロナ禍の影響を踏まえた今後の保育や保護者支援のあり方について考えてみましょう。

 ## 障害のある子どもたちと新型コロナウィルス感染症

　「障害」はとても意味の広い言葉であり、障害を有する人々の様子は多様です。また、コロナ禍においては、障害によって時に対応も分かれ

ます。以下では特に、知的障害を含む発達全般に何らかの難しさを抱える子どもたちのことを、「発達・知的障害のある子ども」と称します。また、教育者や保育者から見て、落ち着きがないなどの発達障害に似た様子を示す子どもや、発達に注意が必要と感じられる子どもたちのことを「気になる子ども」と称します。

　新型コロナウィルス感染症が流行し始めた当初、学校等の臨時休業に際し、様々な混乱が起きました。特に「発達・知的障害のある子ども」を抱える家庭では、在宅生活で子どもたちの生活リズムが壊れてしまい、親子双方が危機的な状況に陥る事例などもしばしば報道されていました[1]。こうした喫緊の事態を受け、障害児通所支援などの福祉サービスには、提供の継続や早期再開などが望まれていました。

　そうした状況に対し、2020年4月に厚生労働省から発された「新型コロナウィルス感染症防止のための学校の臨時休業に関連しての障害児通所支援事業所の対応について」[2]では、感染状況に応じつつできるだけサービスを縮小して提供すること、事業所などでの感染に留意することと併せて、個々の状況に応じた支援を実施することなどが示されました。個々の状況に応じた支援の具体的なサービス内容としては「自宅で問題が生じていないかどうかの確認」「児童の健康管理」「普段の通所ではできない、保護者や児童との個別のやりとりの実施」「今般の状況が落ち着いた後、スムーズに通所を再開できるようなサポート」などが例として挙げられています。このように、感染拡大に留意しつつも、危機的な状況については可能な限り遠隔も含めて支援する方針が採られていました。

　しかし、実際の障害児支援の場においては、状況的にどうしても3密にならざるを得ない場合があります。さらに詳細は後述しますが、障害特性によってマスクを身につけることが難しかったり、こだわりが強く

日々のルーティンを変更することが難しかったりと、感染防止対策と障害特性が相容れない場合もあります。さらに、障害のある幼児・児童の場合は、食事や排泄の介助などで3密を避けられないような援助が必要となる場面や、子どもの手を引いて具体的な指示をしなくてはならない場面も多くあります。実際に、支援再開後の障害児通所施設から新型コロナウィルス感染症のクラスターが発生してしまったケースもありました[3]。

　こうした問題点は、障害のある子どもたちの支援に限らず、乳幼児全般の園生活とも共通する問題です。実際、0〜2歳児のクラスを中心に、保育者がマウスシールドのみを着用して保育に臨んでいる園や、子どもにマスクを課していない園などもあります。障害のある子どもたちを支援するうえでは、感染症のリスクと背中合わせという側面が存在し続けています。そのため、支援に関わる人たちの予防や衛生管理が一層必要なのはいうまでもありません。

3　コロナ禍と発達・知的障害児の障害特性

　コロナ禍で、私たちの生活様式は大きく変化しました。「発達・知的障害のある子ども」たちの障害特性を考えるとき、どのような問題が生じるでしょうか。以下では、「発達・知的障害のある子ども」たちの主たる障害特性を確認し、新たな生活様式をふまえた園の集団生活で具体的な問題となりうる点とその対処法について考えてみましょう。

(1)「感覚過敏」や感覚に関する難しさ

　発達・知的障害傾向を持つ人たちの中には、特定の感覚に対して敏感な「感覚過敏」という特性を持つ人がいます。例えば、私たちは普段、

蛍光灯の下にいても眩しいとは感じませんが、視覚に感覚過敏を持つ人は蛍光灯のちらつきをとらえてしまい、その場にいること自体を苦痛に感じてしまうことがあります。他にも、聴覚過敏でありとあらゆる音に反応してしまったり、特定の音が苦手だったりする（例えば、自閉スペクトラム症などを併せ持つ場合、赤ちゃんや子どもの"泣き声"が極端に苦手な場合などがある）人もいます。

　これと同様に、感覚過敏が別の感覚に現れる場合もあります。新型コロナウィルス感染症の流行に関していえば、触覚に感覚過敏を持つ人には、どうしても素材感が気になってしまってマスクをつけられないということが起きています。不織布マスクの感覚が苦手な場合は、素材を変えて何とかつけられる場合もありますが、口の周りに感覚過敏がある場合には、マスクをつけること自体が難しい場合もあります。

　発達障害のある当事者へのアンケート調査によると[4]、マスク着用について発達障害のある当事者からは「抵抗なくマスクをしている」（44％）、「がまんしてマスクをしている」（50％）、「マスクをすることがむずかしい」（6％）と回答されています。つまり、半数以上は着用に困難を感じている様子がうかがえます。また、それらの難しさの要因として、「息苦しさ」「感覚過敏」「耳の痛み」「その他」などの回答が挙げられていました。感覚過敏に加え、感覚に関する意識などが主たる理由となっていることがわかります。発達障害のある子どもたちは、こうした自分たちの感覚をまだうまく言語化できない場合がほとんどです。説明できずにパニックに陥ったり、マスクをしなくてはならない場面で剥ぎ取ってしまったりすることが起こりえます。

　こうした子どもたちの保育場面では、状況や環境の調整が必要な場合もあります。また、特別支援教育の教材として、マスクのひもが感覚的に気になってしまう子に対して帽子にボタンをつけてマスクをかける

「耳にかけないマスク」[5]なども考案されています。こうした教材や道具の工夫で対応することが可能な場合もあります。

(2)生活に関する「こだわり」とマイルール

新型コロナウィルス感染症の流行によって、私たちの生活様式は大きく変わりました。手洗い・消毒の励行など、衛生面で新たにルールやルーティンが加えられたり、遊びや用具の使用に制約が発生したりしています。また、ソーシャルディスタンスの確保といった、これまでとは異なる「他者」との距離の取り方など、確認すべき事項や注意することが増えています。

感染症の流行に合わせ、私たちは状況的な変化にそれぞれのペースで順応していきます。しかし、「発達・知的障害のある子ども」や「気になる子ども」たちの中には、ルールやルーティンの急な変更が苦手な子がいます。園での生活のルールが変更されてしまったときに、それらに対応できずパニックを起こしてしまうなどの行動として表れることがあります。そして、そうした行動は、保育者に「問題行動」としてとらえられてしまうこともあります。

こうした際には、ルールの定着に時間がかかることを理解し、寄り添ってその子にあった方法で伝えていくことも必要です。ときにスケジュールの変更や、場所やものの配置の調整などの柔軟な対応が効果を上げることもあります。

(3)視覚優位や記憶の難しさ ── 「見通し」の必要性

発達・知的障害がある人たちの中には、視覚優位という特性を持つ人たちがいます。視覚優位というのは、その他の感覚よりも、目で見える情報を受け取ることが得意であるという意味です。

　また、記憶にも障害特性を抱えるケースがあります。短期記憶（一時的に物事を覚えておく力）に弱さがあり、指示や状況説明がわからなくなってパニックになってしまったり、状況に応じた判断や行動が苦手だったりすることがあります。

　こうした特性を持つ人たちにとっては、コロナ禍によって、普段は目に見えなかったコミュニケーションや口頭での指示が「見える」かたちになった結果、むしろわかりやすくなることもありえます。例えば、コロナ禍以後では、ソーシャルディスタンスを示すものとして、店舗などでレジの待機位置を示す線が引かれるようになりました。これにより、認知の問題で他人との距離感をうまくつかむことができなかった人にとっては、どこに立てばよいかが明確となります。また、線の数や待っている人の順番を数えることで「あとどれくらい待てばよいのか」という見通しもつけやすくなります。

　このような工夫は、発達障害の中でもコミュニケーションや社会性の障害といわれる「自閉スペクトラム症」の子どもたちへの支援として行われる、「構造化」とよく似ています。「構造化」とは、保育の場面に限っていえば、子どもが何をしてよいのかわからない混沌とした世界で生きていると仮定したとき、それらに対して「時間や空間の概念をわかりやすくするために保育者が仕切りを作り、次に何をしたらよいのか見通しがつくよう環境を構成することで安定を図る方法論」[6]とされています。つまり、時間の見通しがわかりやすいように写真やイラストを駆使したスケジュール表を作成することや、物の片づけをする場所に区切りや目印をはっきりわかる形で示すこと、活動や行動に順番を付けて視覚的に示すことなどが当てはまります。つまり、視覚優位の特性を持つ子どもたちや、短期記憶に弱さを持つ子どもたちは目で見える情報が増えることによって、行動や空間などといった、普通の子どもたちなら感覚的に

理解しているけれども障害特性によってわかりにくくなっていることに、視覚的な見通しを持つことができるのです。

 ## コロナ禍での対応事例から

　前節では、発達・知的障害のある子どもたちの障害特性ゆえに問題となりそうな点とその対処法について確認しました。実際、コロナ禍での「発達・知的障害のある子ども」や「気になる子ども」の保育、そしてそれらに関連する保護者支援はどのような様子だったのでしょうか。ここでは、実態に即した報告や実例を見てみましょう。

（1）これまで報告されている実践から

①自治体を対象として行われた保育現場の調査

　2020年度の様子については、宮城県仙台市の保育現場の様子をアンケート調査したもの[7]や、東京都23区内の公立保育園の保育士を対象とした質問紙調査[8]の結果が報告されています。

　前者の調査では、障害のある子どもに関する目立った記述は多くありませんが、保育者がマスクを着用することで、乳幼児や障害児が表情の読み取りが重要な時期にそれができなくなってしまうという、保育者らによる子どもの育ちの"不安"に関する記述が見られます。

　また、後者では、障害のある子や外国にルーツを持つ幼児の有無にかかわらず、インクルーシブ保育を実施するうえでのコロナ禍のクラス保育の困難、工夫、発見などが幅広くまとめられています。障害のある子や外国にルーツを持つ幼児に関する限定的記述としては、以下の2例が挙げられていました。

・「気になる子（男児）について。食べるテーブルの場所を指定したところ、その場所へ向かう時間が以前より早くなったような気がしている」[9]

・「ソーシャルディスタンスを意識できるよう手洗いなどマークをつけ、そこで待つよう指導している。一番にこだわりやすいため、じっと待っていられず、他児を押してしまう。待つ間、保育者が話しかけながら、順番を守るよう見守っている」[10]

　最初の例は、密集を避ける食事の工夫が子どもにとってわかりやすさにつながった事例として同報告内で指摘されています。一方、二つ目の例は、列の順番や待つ場所が「見える」ようになったけれども、特性ゆえに「待つ」ことや「順番へのこだわり」がなかなか解消されず、保育において難しさが残る例として見ることができるでしょう。

②障害のある子どもたち・その保護者に対するオンラインの活用事例

　障害のある子や「気になる子ども」の保護者への支援として、コロナ禍では、例えば発達障害の子どもがいる家庭に3日に1度、あるいはひとり親や気になる子どもの家庭に週1回程度、電話やオンラインを活用して連絡をする取組をしていた園があることが報告されています[11]。

　また、園生活からは少し外れますが、コロナ禍における専門的なケアの提供として、年中〜小五の発達障害児（自閉スペクトラム症児）を対象とした心理士によるオンラインプログラムの提供を実施した例が報告されています[12]。同実践では、導入前の信頼関係や、指導者側のシステムの知識や操作の習熟、参加初期の幼児への保護者の保護の必要性などの課題も指摘されていますが、子どもたちにとって好影響があったことが示されています。関連して、保護者支援については、発達が気になる子どもたちの保護者に対するオンラインによるペアレント・トレーニン

グの実施とその有効性が報告されています¹³。

こうしたオンラインの活用が、「発達・知的障害のある子ども」たちの在宅生活と発達を支える一助となりうるといえるでしょう。

（2）Aこども園の実践から

ここで、筆者が実際にケースカンファレンスで訪れていた、Aこども園の2020年の様子を振り返ってみたいと思います。以下は、Aこども園で2020年度に筆者がAこども園にて実施したケースカンファレンスの際の記録と、担当保育者らによる子どもたちの日々の行動の資料の2点に基づきつつ、プライバシーに配慮したうえでまとめています。なお、これについてはAこども園の同意を得て記載し、内容の確認を得ています。

①Aこども園の全体的な様子

Aこども園は保育所として創園され、2018年4月より認定こども園となりました。

緊急事態宣言に際し、A園では2020年4〜5月の間、エッセンシャルワーカーの家庭の子ども以外は、一旦登園を見合わせることとなりました。登園してくる子どもたちが一時的に少数となった結果、登園を続けた子どもたちが大きく戸惑うことはあまりありませんでした。むしろ子どもの数が一時的に減ることで保育者の目が行き届きやすくなり、また子どもたちもしっかり保育者と関わることができ、安心感をもって園での日常生活を続けることができたそうです。

一方、緊急事態宣言が一旦の終息を迎えた2020年6月以降、他の子どもたちも通常登園ができるようになりました。この際、久々の環境に泣いてしまったり、落ち着かなかったりする様子がどの子にも見られました。しかし、前年度も通園していた子どもたちを中心にすぐに順応し、

子どもたちは園生活での落ち着きを取り戻していきました。しかし、先生たちにとって「気になる子」であった子どもたちの中から、この休み明けの際の適応時に、異なる様子を示す子どもが現れました。

②Ｃ君の例―独特のこだわり―

Ｃ君は言葉による指示の理解が通りづらく、また行動を制止されると大泣きしてしまうなど気持ちの切り替えが難しいことが多く、担当保育者にとって１歳児クラス在籍時から少し気になる子どもでした。

2020年４月から２歳児クラスとなりましたが、４〜５月の登園自粛の後、６月以降の登園時になかなか順応できませんでした。登園時には、毎日パニックを起こして泣いてしまい、保育室の前室でしばらく様子を見ることが必要でした。Ｃ君はこれまでずっとこども園に通っていたお子さんでしたが、通園再開後には園の環境や前の学年の担任の先生の名前や顔なども全く忘れてしまっていました。Ｃ君は毎日非常に落ち着きのない様子を示し、前年度の担任の保育者が声をかけても反応しませんでした。

Ｃ君にはしばらく保育者がついて、一からゆっくりと関係を構築していくことや、園生活のルーティンを一つひとつ丁寧に行うことから始めましたが、多くの子どもたちが日常を取り戻していく中で一人だけ活動から遅れることが増え、個別の関わりが重点的に必要になりました。また、特定の場所(水道)などにも新たなこだわりが見られるようになりました。

③Ｓ君の例―心因性の頻尿行動―

Ｓ君は2019年４月、Ａこども園の２歳児クラスに転園してきました。２歳児クラスでは、落ち着きなく保育室内を走り回ったり、不意に大きな声を出してしまったりすることが多い子どもでした。また、ルーティンを外れた活動の際にパニックやかみつきが起こりやすく、担当保育者にとって気になる子どもの一人でした。

2020年4月に3歳児クラスに進級。登園自粛の期間も、S君は家庭の都合でほぼ毎日登園していました。2・3歳の合同保育、かつ保育者が毎日変わる中での4〜5月の生活では比較的落ち着いて過ごせていましたが、若干トイレが近くなる傾向がありました。

　ところが、通常保育が再開すると、落ち着かない様子が格段に、そして一気に増えてしまいました。とくに、5分に一度程度トイレに立ち寄るなど、保育室内外での立ち歩きが頻繁に見られるようになりました。さらに、頻繁に「おしっこ」と保育者に訴える場面が生じてきました。あまりにも頻繁なため、「これが終わったら一緒に行こうね」と保育者が目前の活動を促すと、自分の意見が通らないことに苛立って「おしっこ」と連呼し、わざとほんの少し漏らすなどの行動も取るようになりました。クラス全体の雰囲気が落ち着くと共に、1〜2か月かけて保育者が個別的な関わりを続ける中で、これらの行動は少しずつ少なくなっていきました。

　新型コロナウィルス感染症の流行前から保育者にとって「気になる子ども」であったC君やS君には、緊急事態宣言で生活が変化したタイミングでの大きなトラブルはありませんでした。しかし、非常時から元の生活に「変わる」タイミングで適応に難しさがあったことが2つの事例からわかります。

⑤ 障害のある子どもや「気になる子ども」と感染症に抗する園づくり

　コロナ禍の影響は今なお続いています。また今後、未曾有の災害や感染症の流行に瀕することもあるでしょう。社会全体を覆う不安感は、い

つの間にか子どもに伝わってしまいます。

　障害のある子どもたちを含めたすべての子どもが安心して生活を送るためには、これまで以上に持続可能な園づくりや平時からの備えが重要になると思われます。以下、ここまで見てきた問題に即して、今回の新型コロナウィルス感染症のような状況が再発するにあたっての課題を３点挙げておきます。

（１）障害のある子を含めたインクルーシブ保育におけるクラスづくり

　先に述べたＡ園での事例では、少人数保育になった期間はかえって保育者の目が行き届き、いつもと異なる様子に不安はあれども、子どもたちはおおむね落ち着いて過ごせていたようです。また、３密対策として行われた少人数保育のよさが保育者間で確認され、子どもの育ちを重視した保育のあり方を再検討するきっかけになっていることが、本章の③で挙げた東京都23区内の保育園のアンケート調査報告でも指摘されています[14]。あらためて、多様な特性を有する子どもたちの存在を保育者が意識し、通常時からの少人数保育等の保育の可能性を探るなどといった体制の見直しや再検討が望まれます。

　一方で、報告や事例からは、一度生活様式が変わってしまった際や園生活が戻ろうとする際、子どもたちの「不安」が強くなってしまったり、障害特性ゆえの「こだわり」の解消に時間がかかったり、新たなルールがなかなか定着しなかったりすることが見受けられます。事例において、特に困難が生じたのは子どもたちの人数が戻ってきた折であったことに鑑みると、その時期に重点的に加配の保育者をつけられるかや、フリーの保育者が重点的に子どもに沿った対応を行う体制を持てるかどうかが重要になると考えられます。その際、子どものこれまでの蓄積が抜けてしまっていたり、家庭環境の影響がより強くなったりすることを前提に

その後の関わりを考える必要があることを、保育者側が想定しておくとよいでしょう。その機会をうまく利用し、以前困っていた行動があれば変更するきっかけにすることも可能かもしれません。

　また、「発達・知的障害のある子ども」たちの中には、基礎疾患のある子どももいます。その子どもたちへの対応も同時に可能になるように、物理的に個別対応が可能な場所を作る（発達障害の子どものパニック時のクールダウン用の場所や部屋を準備する）など、様々な子どもが時間や用途に応じて使えるように消毒を徹底しつつ設定することも、一つの解決策として有効と思われます。

（2）多様な子どもたちにも伝わりやすく、わかりやすい方法を

　「発達・知的障害のある子ども」たちは、概念の獲得などが定型発達の子どもたちに比べるとゆっくりであったり、直前の指示がすぐ抜けてしまったりと、園生活でのルールの定着などには平時でも時間がかかります。また、自分のこだわりに外れた行動にパニックを起こすことがあります。これらにはもちろん複合的な理由がありますが、その子が「不安」であったり、「困って」いたりすることも、要因として考えられます。保育者にとって困る子どもの行動が起きるとき、実際本当に困っているのは、自分の困り感を言語化できない子どもたちであることがほとんどです。

　言葉によるコミュニケーションが成り立つ場合は、不安の解消のために工夫したわかりやすい説明を行うことや、不安になった際にすぐに見られる視覚的な情報提示が一つの解決策となりえるでしょう。もちろん、保育の中では普段から、目で見て理解し確認するための視覚的な手助け自体はたくさん活用されています。例えば、子どものロッカーや座る位置などに固定したマークのシールを用いるなどの視覚情報は、すでに多

く取り入れられています。特別支援教育などの知見や教材などを活用しつつ、感染症対策に関してもよりわかりやすい視覚情報を増やしていくことが求められます。

　また、発達障害の子どもたちは、他者の感情を考えることが苦手です。当事者の視点に置き換えた表現など、発達障害の子に「伝わる」声かけに変換し工夫していくことや、提案・交渉型のアプローチ[15]などで本人が納得しやすい方策を探っていくことも大切です。障害特性による「こだわり」などは、例えば本章の3「コロナ禍と発達・知的障害児の障害特性」（pp.64－68）にて紹介した感覚過敏のように、障害特性ゆえにどうしても変更することが難しいものがあります。しかし、障害の確定診断のない子どもや「気になる子ども」の中には、本人の特性ではなく環境要因などによって発達障害のような様子を示している子どももいます。そうした子どもたちには、時間と信頼のうえで提案型アプローチなどを使用していくことによって、少しずつ子どもの経験や選択の幅を広げていけるものもあります。どんな時に何を嫌がるのかを確認しつつ、アプローチを変更していくとよいかもしれません。また、家で行っている方法とやり方を統一するなど、障害のあるお子さんにとって馴染みやすい方法を工夫することも大切です。

（3）オンラインの活用

　コロナ禍において着目されたのは、オンラインの活用でした。緊急事態宣言下だけでなく、個人の障害特性や家庭の事情などでも、子どもたちが登園しづらいケースは起こりえます。コロナ禍において保育者による遊びの動画配信などが行われた例もありますが[16]、休みの長期化などが懸念される場合は、特に福祉サービス等を利用していない障害のある子どもや気になる子どもたちに対して、専門家や担当保育者によるオン

ラインを活用したコミュニケーションや遊びの補いなども、検討が必要になるかと思われます。

　また、家庭内で過ごす時間が長い際には、家庭内での問題や関係性も固定され凝縮されがちです。このように、必要に応じて保護者支援にもオンラインを活用し、園と保護者との間での情報交換や支援が可能なように整備されていくことが望まれます。地域に存在している発達・知的障害のある子どもたちの「親の会」や関係団体に関する情報提供、オンラインに対応できる平時からの保護者間ネットワークづくりの補助なども重要となるでしょう。

　さらに、園全体が通常と異なる状況下に置かれてしまうときには、園の保育にもトラブルが多発することがあります。オンラインによる巡回相談等を通じて専門家との連携を取り入れていくことで、保育において難しさが生じる子どもたちに必要な援助を提供できる場合もあると思われます。こうした場合に備えた巡回相談や専門家相談のオンライン化の体制整備も、平時の課題といえます。

⑥ 障害のある子どもや「気になる子ども」が安心して過ごせるように

　ここまで、コロナ禍を中心とした「発達・知的障害のある子ども」たちの園生活について、かれらの障害特性に触れながら、起こりうる問題や実際の事例などを見てきました。園生活への具体的な対応だけでなく、コロナ禍をきっかけに大きく普及したオンライン化なども取り入れながら、今後また感染症等が広まる非常時に備えて、障害のある子どもや「気になる子ども」たちが安心して過ごせるような体制を平時から作っていくことが肝要です。

　障害のある子どもだけでなく、基礎疾患のある子ども、海外での暮らしが長い子ども、外国にルーツを持ち異なる言語や文化で育ってきた子どもたちなどが、すでに日本の各園に多く在籍しています。そして、これからの保育の場には、ますます多様な子どもたちが参加していくことが予想されます。個々の特性の多様性、そして家庭の多様性を考慮しながらコロナ禍以降のインクルーシブな保育を考えるとき、一人ひとりの子どもの特性に寄り添うことだけでなく、子どもたちが集う場所に安心できる要素を増やしたり、時に場のルールを改めたりすることも必要となるでしょう。保育において、時代の変化に合わせたオンライン活用も検討しつつ、園生活における柔軟な変更と対応を可能にするような人員配置や園の体制を持ち続けることが、コロナ禍以後のインクルーシブな保育実践において重要となるのではないでしょうか。個々の特性に配慮しつつ、かつ集団の特性に応じてルールを変えていける柔軟な体制下の保育は、どのような子どもにとっても育ちやすい環境であり、かつどのような保育者・保護者にとっても子どもたちを育てやすい環境であるのではないでしょうか。

謝辞

　本章の執筆にご快諾を賜りましたＡこども園の理事長先生および園長先生、そして先生方に、心より御礼申し上げます。

注

1　例として、以下の報道を挙げておきます。東京新聞「＜新型コロナ＞発達障害児、窮地　在宅でリズム崩し自傷　親もストレス懸念」https://www.tokyo-np.co.jp/article/17037　（2021年11月30日アクセス）

2　厚生労働省社会・援護局障害保健福祉部障害福祉課「新型コロナウイルス感染症防止のための学校の臨時休業に関連しての障害児通所支援事業所の対応について」https://www.mhlw.go.jp/content/000618471.pdf　（2021年11月30日アクセス）

3　例として、以下の報道を挙げておきます。朝日新聞「障害児施設で7人感染判明　江東区　新型コロナ／東京都」（2020年8月21日朝刊、朝日新聞記事データベースより）

4 国立障害者リハビリテーションセンター 企画・情報部発達障害情報・支援センター（2021）新型コロナウイルス感染症拡大に伴う発達障害児者および家族への影響―当事者・家族向けアンケート調査結果より―　http://www.rehab.go.jp/application/files/6316/1102/0298/202101.pdf（2021年11月30日アクセス）

5 東濃特別支援学校研究会編著『特別支援教育 簡単手作り教材BOOK』クリエイツかもがわ、（2016年）p20

6 星山麻木編著『障害児保育ワークブック』萌文書林、（2012年）p94

7 小田幹雄・橋浦孝明「宮城県仙台市における保育現場の新型コロナウイルス感染症対策の現状について（第1報）」『羽陽学園短期大学紀要』第11巻第3号、（2021年）pp.33-50

8 芹澤清音・山本理恵・浜谷直人・三山岳・五十嵐元子・林恵・飯野雄大「コロナ禍で保育者はどのように保育をしているのか―障がい児および外国人幼児を含む保育の実態調査（速報）―」『帝京大学教育学部紀要』第9巻、（2021年）pp.115-123

9 前掲注8、p122

10 前掲注8、pp.122-123

11 天野珠治「コロナ禍における保育所の対応とその課題―子供と保護者のケアを担う―」『鶴見大学紀要 第3部 保育・歯科衛生編』第58巻、（2021年）pp.13-20

12 宮本明日香・三浦理絵・濱中円・山田和孝「新型コロナウイルス感染拡大防止のための外出自粛下における発達障害児へのオンライン支援―仲間との遊び活動を提供する試み―」『小児の精神と神経』第61（2）、（2021年）pp.129-136

13 富澤弥生・氏家享子「ICTを活用したオンラインによる個別支援方式ペアレント・トレーニングの効果」『東北福祉大学教育・教職センター特別支援教育研究年報』第13巻、（2021年）pp.25-33

14 前掲注8

15 発達障害の子どもたちに有効な声かけの一つとして、提案・交渉型のアプローチがあります。例として以下を挙げておきます。武田鉄郎編著『発達障害の子どもの「できる」を増やす提案・交渉型アプローチ』学研プラス（2017年）

16 文部科学省「新型コロナウイルス感染症への対応のための幼稚園等の取組事例集」（2020年）でも、保育の動画配信の事例が示されています。https://www.mext.go.jp/content/20200512-mxt_youji-000005336_002.pdf　（2021年11月30日アクセス）

第4章

子どもへの防災教育

1 日常生活に取り入れるべき 災害への備え

（1）危険の確認（ハザードマップと情報システム）

　大規模な地震や台風などの災害がいつ発生するかは誰にもわかりません。災害による被害を最小限に防ぐために、まずはハザードマップ（災害予測地図）を事前に確認しておくとよいでしょう。ハザードマップは、自然災害がもたらす被害を予測して、地図の上に被害範囲などを表したものです。自宅や職場、学校などで災害が起こったときに、どの程度の被害が予測されるのか、どの経路でどこに避難すればよいのかなどを事前に確認しておきましょう。

　国土交通省のハザードマップポータルサイトでは、「重ねるハザードマップ」と「わがまちハザードマップ」を提供しています（資料4-1）。重ねるハザードマップは、災害リスク情報などを地図に重ねて表示するもので、洪水・土砂災害・高潮・津波のリスク情報、道路防災情報、土地の特徴・成り立ちなどを地図や写真に自由に重ねて表示できます。わがまちハザードマップでは、地域のハザードマップを入手することができます。各市区町村が作成したハザードマップへリンクすることによって、地域ごとに特徴のある様々な種類のハザードマップを閲覧できます（資料4-2）。

　他には、浸水（内水）防災マップといった、市民からの通報があった浸水情報をもとに、地形情報を考慮して、浸水が想定される区域を示したハザードマップがあります（資料4-3）。浸水想定区域以外の最寄りの避難場所、安全に移動できるルートなどを確認しておくことができます。激しい雨が続くと、洪水に移行する場合があるため、気象、河川に

資料4−1　ハザードマップポータルサイト

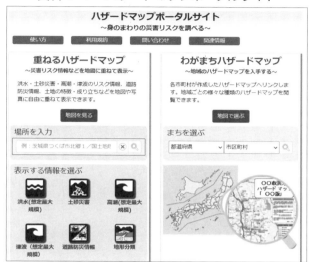

（出典）国土交通省

資料4−2　さいたま市が提供している洪水ハザードマップ

想定される最大規模の大雨によって堤防が決壊した場合などのシミュレーション
結果に基づいて、浸水の範囲や浸水深などを示したものです。

（出典）さいたま市

資料4-3　さいたま市 内水ハザードマップ

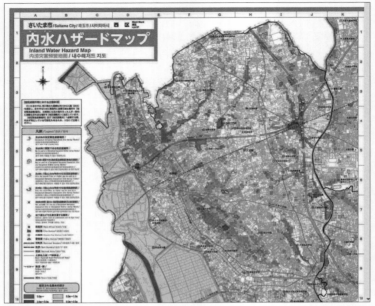

（出典）さいたま市

かかわる警報や避難情報にも充分注意しましょう。また、がけ崩れなど
が起こったときに、被害を受けるおそれがある場所を示した土砂災害ハ
ザードマップといったものもあります（資料4-4）。自宅や職場、学校
や保育所・施設など、普段からよく利用する場所の近くにがけ地がない
かを確認し、複数の避難場所、避難ルートを考えておきましょう。自治
体は、土砂災害警戒情報が発表された場合、避難勧告等の避難情報を発
令しますが、発令されていない場合でも、身の回りに危険を感じるとき
には自主的に避難することが大切です。
　ハザードマップのほかに、自治体が提供している情報システムがあり
ます。インターネットを通じて被害想定に関する情報を入手し、災害に
備えるためにどのような危険があるかを確認しておきましょう。例えば、

水位情報システムでは、観測している水位情報やカメラ画像を提供しており、大雨の時の情報収集に活用することができます。また、防災まちづくり情報マップといった、自宅などの住所を入力するとピンポイントで身近な災害リスクの情報を確認できるものもあります。大規模地震時に発生した火災が広範囲に燃え広がる可能性を示した「延焼リスク」や倒壊する恐れのある建築物が避難路をふさぐ可能性を示した「避難困難リスク」といった情報を掲載している自治体もあります。

資料４-４　東京都土砂災害警戒区域等マップ

(出典) 東京都

(2) サバイバルカードと防災・緊急時安心カード

　9月1日は、1923年に関東大震災が発生した日です。台風の接近・上陸が多い時期でもあり、災害への認識を深め、心の準備をするために、9月1日は「防災の日」として制定されています。災害はいつ起こるかわかりません。いざというときはどうするのか？などを、防災の日はもちろん、日頃から話し合い、準備しておくことが大切です。

　自治体などでは、いざというときのために役立つカードを提供しています。災害時に落ち着いて行動がとれるよう、あらかじめ用意しておきましょう。サバイバルカードは、災害が発生したときにまず何をすればよいのか、日頃の備え、チェック事項について具体的に書かれています。

資料4-5
さいたま市 サバイバルカード

(出典)さいたま市

資料4-6
さいたま市 防災・緊急時安心カード

(出典)さいたま市

携帯用の防災マニュアルとして、日頃から携帯しておきましょう（資料4-5）。

　防災・緊急時安心カードは、住所・氏名・生年月日といった情報のほか、緊急連絡先・集合場所（避難所）や病名・血液型・かかりつけの病院などを書いておくカードです（資料4-6）。携帯しておけば、いざというときにあわてず落ち着いて家族の連絡先や避難所などを確認することができます。また、かけつけてくれた救急隊員などに、救助に必要な情報をスムーズに伝えることもできます。

（3）緊急時の連絡手段

　大災害が起きたときは、電話がつながりにくくなり、安否確認に手間取るケースが多くあります。お互いの安否情報を伝える手段として、「災害用伝言サービス」やネットサービスを活用しましょう。災害用伝言ダイヤル「171」は、災害の発生により、通話がつながりにくいときに提供されるサービスで、被災地の固定電話向けに30秒以内のメッセージを録音・再生することができます。ただし、容量に限界があり、制限なく使えるとは限りませんので注意しましょう（資料4-7）。また、携帯電話の「災害用伝言版」では、被災地の方が携帯電話やスマートフォンからインターネットを通じて文字や伝言を登録し、電話番号をもとにして全国から伝言を確認することができます（資料4-8）。

　その他の連絡方法としては、電子メールやSNSを利用すると通話ができない状態でも比較的届きやすいといわれています。公衆電話も、災害時は一般回線よりつながりやすくなっており、被災地では10円玉か100円玉を入れると無料で使用することができ、お金が戻ってきます（国際電話を除く）。さらに、J-anpiという検索サイトでは、通信キャリア各社が提供する災害用伝言版と、報道機関、各企業・団体が提供する安

否情報を、電話番号又は氏名でまとめて検索できます。

資料4-7　災害用伝言ダイヤル「171」の利用方法

「171」をダイヤルし、音声ガイダンスに従って伝言の録音、再生を行って下さい。

	操 作 手 順	伝言の録音		伝言の再生	
①	171をダイヤル	**1 7 1**			
②	録音または再生を選ぶ。	［ガイダンス］こちらは災害用伝言ダイヤルセンタです。録音される方は1、再生される方は2、暗証番号を利用する録音は3、暗証番号を利用する再生は4をダイヤルして下さい。			
		（暗証番号なし）	（暗証番号あり）	（暗証番号なし）	（暗証番号あり）
		1	**3** ［ガイダンス］4桁の暗証番号をダイヤルして下さい。 **X X X X**	**2**	**4** ［ガイダンス］4桁の暗証番号をダイヤルして下さい。 **X X X X**
③	被災地の方の電話番号を入力する。	［ガイダンス］被災地域の方はご自宅の電話番号を、または、連絡を取りたい被災地域の方の電話番号を市外局番からダイヤルして下さい **0 X X　X X X　X X X X**			
		伝言ダイヤルセンタに接続します。			
④	メッセージの録音 メッセージの再生	［ガイダンス］電話番号0XXXXXXXXX（暗証番号XXXX）の伝言を録音します。プッシュ式電話機をご利用の方は数字の「1」をおしてください。ダイヤル式の方はそのままお待ち下さい。なお、電話番号が誤りの場合、もう一度おかけ直しください。		［ガイダンス］電話番号0XXXXXXXXXの伝言をお伝えします。プッシュ式の電話機をご利用の方は数字の「1」をおしてください。ダイヤル式の方はそのままお待ち下さい。なお、電話番号が誤りの場合、もう一度おかけ直しください。	
		ダイヤル式電話機の場合	プッシュ式電話機の場合	ダイヤル式電話機の場合	プッシュ式電話機の場合
		（ガイダンスが流れるまでお待ちください）	**1**	（ガイダンスが流れるまでお待ちください）	**1**
		［ガイダンス］伝言をお預かりします。ピッという音のあとに30秒以内でお話下さい。お話が終わりましたら電話をおきり下さい。	［ガイダンス］伝言をお預かりします。ピッという音のあとに30秒以内でお話下さい。お話が終わりましたら数字の9を押してください。	［ガイダンス］新しい伝言からお伝えします。	［ガイダンス］新しい伝言からお伝えします。伝言を繰返すときは数字の8を、次の伝言に移る時は数字の9を押して下さい。
		伝言の録音		**伝言の再生**	
		（ガイダンスが流れるまでお待ちください）	録音終了後 **9** ［ガイダンス］伝言を繰返します。訂正されるときは数字の8を押して下さい。再生が不要な方は9を押してください。 録音した伝言内容を確認する。	［ガイダンス］お伝えする伝言は以上です。電話をお切り下さい。	［ガイダンス］お伝えする伝言は以上です。伝言を追加し録音されるときは数字の3を押して下さい。 （ガイダンスが流れるまでお待ちください）
		［ガイダンス］伝言をお預かりしました。		［ガイダンス］電話をお切り下さい。	
⑤	終了	自動で終話します。			

（出典）NTT東日本

資料4-8　携帯電話の「災害用伝言版」の利用方法

（出典）NTT東日本／NTT西日本

（4）非常持出品と備蓄品の準備

　災害が発生した後、避難するときに必要となるものを両手が自由に使えるリュックなどに詰めて、非常持出袋として準備しておきましょう。ただし、荷物や取り決めが避難を遅らせることのないよう、まずは命を守るために必要なことを考えましょう。長期的な避難生活に必要なものは、とりあえず避難してから、後で取りに戻ることも考えられます。また、避難をするときに災害復旧までの数日間を生活できるよう、備蓄品を分けて用意しておきましょう（資料4-9）。

　基本の非常持出品に加えて、乳幼児、妊婦、要介護者、ペットがいる場合に役立つものや、女性特有のニーズに合った備えを用意しておくと安心です（資料4-10）。災害時に哺乳びんがなくても紙コップなどを

資料4-9　基本の非常持出品・備蓄品チェックリスト

基本の非常持出品	携帯用トイレ	缶詰	燃料
貴重品類	□ タオル	□ 簡易食(あめ・チョコなど)	□ 卓上コンロ
□ 印鑑	□ ティッシュ	**衣料品**	□ 予備のガスボンベ
□ 現金	□ ウェットティッシュ	□ 下着	□ 固形燃料
□ 預金通帳	□ 筆記用具	□ 靴下	**生活用品**
□ 免許証	□ メモ帳	□ 長袖	□ 毛布
□ 保険証	□ ビニール袋	□ 長ズボン	□ タオルケット
避難用具	**救急用具、衛生用品**	□ 防寒ジャケット	□ 寝袋
□ 非常用ライト(懐中電灯・ヘッドライト・ネックライト)	□ 救急箱(絆創膏、消毒液、栄養補助食品)	□ 雨具	□ なべ
□ 携帯ラジオ	□ 処方箋やお薬手帳のコピー		□ やかん
□ 予備の電池	□ 常備薬(胃腸薬、便秘薬、持病の薬)	**基本の備蓄品**	□ 簡易食器(わりばし・紙皿・紙コップなど)
□ モバイルバッテリー(電池式)	□ 洗面用具	**食料品**	□ ラップ
□ ヘルメット	□ 歯磨きセット	□ 飲料水	□ アルミホイル
□ 防災ずきん	□ マウスウォッシュ	□ 米	□ 簡易トイレ
生活用品	□ マスク	□ 缶詰	□ バケツ
□ 軍手	□ 使い捨てカイロ	□ レトルト食品	□ 工具類(ロープ・バール・スコップなど)
□ ライター	**非常食品**	□ スープ	□ 新聞紙
□ 缶切り	□ 飲料水	□ 調味料	□ 布ガムテープ
□ ろうそく	□ 乾パン	□ 麺類	
□ ナイフ		□ 菓子類	

(出典)さいたま市防災ガイドブック(令和2年改訂版)

資料4-10　多様なニーズに合わせた備えのチェックリスト

乳幼児・妊婦がいる家庭に役立つもの	授乳ケープ	女性のために役立つもの	ペットや補助犬のために役立つもの
□ ミルク	□ 母子健康手帳	□ 生理用品(生理1周期分)	□ ケージ
□ 使い捨て哺乳びん	□ マタニティマーク	□ おりものシート	□ ペットフード
□ 離乳食	□ おもちゃ	□ サニタリーショーツ	□ 水
□ アレルギー対応食		□ 紙ショーツ	□ 常備薬
□ 紙コップ	**高齢者、要介護者がいる家庭に役立つもの**	□ 携帯用ビデ	□ 予備の首輪
□ スプーン	□ 大人用紙おむつ	□ 軟膏(デリケートな場所の保護)	□ 伸び縮みしないリード
□ 紙おむつ	□ 紙パンツ	□ カップ付きインナー	□ ハーネス
□ おしり拭き	□ 杖	□ 中身の見えないごみ袋	□ 使い捨てエサ皿
□ 携帯用おしり洗浄器	□ 入れ歯	□ スキンケアクリーム	□ ガムテープ
□ おんぶひも	□ 入れ歯洗浄剤	□ 化粧水	□ ペットシーツ(トイレ用品)
□ 抱っこひも	□ 介護用品	□ メイク落としシート	□ タオル
□ ガーゼハンカチ	□ 老眼鏡	□ アロマオイル	□ ブラシ
□ 洗浄綿	□ 補聴器	□ 香水	□ キャリーバック
□ スタイ	□ 障害者手帳		□ おもちゃ
□ 母乳パッド	□ ヘルプマーク		□ 迷子札(飼い主の連絡先・飼い主以外の緊急連絡先)

(出典)さいたま市防災ガイドブック(令和2年改訂版)

使って授乳することができます。日頃から練習しておくことも大切です。

　大災害が発生すると、お店から商品がなくなり、公的な支援物資もすぐに届かなくなる可能性があります。備蓄品を準備するほかに、食料品や飲料水などは３〜７日分（在宅避難の場合は７日以上）を用意しておきましょう。缶詰やレトルトなどの非常食のほか、栄養補助食品や調味料などもあると便利です。特に高齢者や乳幼児、アレルギー体質者など、それぞれの実情に応じた食料が必要な場合は多めに準備しておきましょう。飲料水は１人１日３リットルを目安として備蓄しましょう。また、水の配給を受けるために、給水タンクも用意しておきましょう。応急給水場所は自治体のホームページで確認することができます。非常用トイレは、１人１日５回分が目安となります。水道が使用できなくなった場合に備えて、ティッシュペーパーやラップ、アルミホイル、ポリ袋などを準備しておきましょう。

 子どもたちにわかりやすく災害を伝える

（1）防災の観点に立った河川教育

　日本は世界の中でも雨が多いモンスーン・アジアに位置し、台風や梅雨などによる大雨の影響を受けやすい地域です。加えて日本の河川の多くは川の長さが短く勾配が急なため、地上に降った雨は一気に川を流れ下り、しばしば洪水を引き起こします。日本の河川下流部に広がる平野部は氾濫しやすい低地にもかかわらず、多くの人口と資産が集中しており、ひとたび洪水が起きると大きな被害を受けることとなります。

　我々の身近に存在している河川は、様々な恵みを与えてくれます。し

かしながら、大雨により大規模な洪水や土砂災害を発生させ、日常生活や社会経済活動に大きな影響を与えることがあります。次世代を担う子どもたちへ「自然災害から自らの命を守る」ための防災教育を進めるために、河川を教材とすることは、教育効果を高める上でも効果的だと考えられます。教材は、国土交通省の「防災教育ポータル」（https://www.mlit.go.jp/river/bousai/education/index.html）から数多くの教材を入手することができます。小学校低学年向けの教材は保育現場でも活用することができます（資料4-11〜13）。

資料4-11	資料4-12
子ども向け動画「きみの街にひそんでいる！　気をつけ妖怪図鑑〜小学生編〜」	子ども向け動画「水防団の神様〜山からの知らせ〜」

（出典）国土交通省　防災教育ポータル

（出典）国土交通省　防災教育ポータル

資料4-13　避難訓練時に活用できる教材例

(出典)国土交通省　水災害からの避難訓練ガイドブック

【その他、教材や事例がまとめられているサイト】

○Yahoo!きっず「ちょボットの防災ランド」（https://kids.yahoo.co.jp/bousai/）で公開されている「クイズにちょうせん！防災道場で修行しよう！」：防災がわかりやすく学べる解説とポイントが入っています。ステージをクリアした人数で、かわいいちょボットが修行の山を登っていきます。

○防災教育チャレンジプラン（http://www.bosai-study.net/top.html）：いつやってくるかわからない災害に備え、大切な命を守り、できるだけ被害を減らし、万が一被害にあったときすぐに立ち直る力を一人ひとりが身に付けるため、全国の地域や学校で防災教育を推進するためのプランです。防災教育の様々な事例が紹介されています。

○乳幼児・児童向け短時間型防災プログラムリスト（https://www.bousai-edu.jp/info/wp-content/uploads/2018/12/f643d9157700bd43827efd3bf0c8def9.pdf）（一般社団法人防災教育普及協会）：時間は短いですが、目的がはっきりしているため理解しやすくなっています。人数や時間調整などのアレンジが容易で、予算・経費面での負担が少ない学習プログラムが 16 種類紹介されています。

【その他、河川教育に関する情報がまとめられているサイト】

○国土交通省＞水管理・国土保全＞環境（https://www.mlit.go.jp/river/kankyo/index.html）：川に学ぶ社会を目指して、「子どもの水辺」再発見プロジェクト、子どもの水辺サポートセンターの情報のほかに、教員・小学生向けの河川教育・学習教材が豊富に紹介されています（資料4－14）。

資料4-14
小学生向け動画「リバーアドベンチャー 〜川に魅せられし者たち〜」

(出典) 国土交通省

（2）文部科学省が推進する青少年の体験活動と乳幼児への防災教育

文部科学省は、2013 年 1 月に「今後の青少年の体験活動の推進について（答申）」（中央教育審議会）の中で、以下のようにとりまとめました。

○今回の東日本大震災のような非常事態では、用意された答えを探すだけの勉強では、適切な対応をとることが不可能である。瞬時に適切な対応をとることができる感性や生き物としての、いわば『野生の勘』を磨くためには、青少年期に自然の中で様々な体験を行うことが必要である。

〇東日本大震災において、多くの青少年がボランティア活動を通じて成長したように、社会の一員としての自覚と責任感を高めるため、平常時においても、様々なボランティア活動等の社会貢献活動を積極的に奨励すべきである。社会貢献活動は、相手の役に立つという意義だけでなく、活動を行う側にとっても、多くのことを学ぶことができる学習の機会であるという認識を持つべきである。

〇東日本大震災では、多くの被災者の方々が、長い間、避難所となった学校の体育館等での共同生活を送る事態となったことを踏まえ、今後、平常時から、体育館やテントでの宿泊、野外炊事といった非常時の生活を想定した体験を行う機会を設けることが必要である。このような取組は、非常時にどのような行動をとるべきかを体験的に学ぶ機会となるとともに、親子や高齢者を含めた幅広い年代の地域住民が協働して取り組むことによって、災害時にも互いに助け合うことのできる地域の絆（きずな）づくりにもつながる。

〇このため、国は、各地域の特性に応じた体験的な防災教育を推進するため、学校等を避難所として想定した生活体験等の防災教育プログラムを地域住民や保護者の協力を得て実践する『防災キャンプ推進事業』（2012 年度から実施）の更なる推進と成果の普及に努めることとする。

　その一方で、乳幼児を対象とした防災については、保育所保育指針、幼稚園教育要領、幼保連携型認定こども園教育・保育要領において、安全点検の実施、安全環境の整備、防災マニュアルの作成、避難訓練の実施、保護者・地域との連携などについて努めることとされています。

【保育所保育指針に記載された災害に関する内容】

3　3歳以上児の保育に関するねらい及び内容

（2）　ねらい及び内容

　ア　健康

　（イ）　内容

　　⑩　危険な場所、危険な遊び方、災害時などの行動の仕方が分かり、安全
　　に気を付けて行動する。

　（ウ）　内容の取扱い

　　⑥　安全に関する指導に当たっては、情緒の安定を図り、遊びを通して安
　　全についての構えを身に付け、危険な場所や事物などが分かり、安全に
　　ついての理解を深めるようにすること。また、交通安全の習慣を身に付
　　けるようにするとともに、避難訓練などを通して、災害などの緊急時に
　　適切な行動がとれるようにすること。

4　災害への備え（p.45 参照のこと）

【幼稚園教育要領に記載された災害に関する内容】

健康

2　内容

（10）　危険な場所，危険な遊び方，災害時などの行動の仕方が分かり，安全に
　　　気を付けて行動する。

【幼保連携型認定こども園教育・保育要領に記載された災害に関する内容】

第3　満3歳以上の園児の教育及び保育に関するねらい及び内容

健康

2　内容

（10）　危険な場所、危険な遊び方、災害時などの行動の仕方が分かり、安全に
　　　気を付けて行動する。

3　内容の取扱い

（6）　安全に関する指導に当たっては、情緒の安定を図り、遊びを通して安全についての構えを身に付け、危険な場所や事物などが分かり、安全についての理解を深めるようにすること。また、交通安全の習慣を身に付けるようにするとともに、避難訓練などを通して、災害などの緊急時に適切な行動がとれるようにすること。

第4　災害への備え

1　施設・設備等の安全確保

（1）　認定こども園法第27条において準用する学校保健安全法第29条の危険等発生時対処要領に基づき、災害等の発生に備えるとともに、防火設備、避難経路等の安全性が確保されるよう、定期的にこれらの安全点検を行うこと。

（2）　備品、遊具等の配置、保管を適切に行い、日頃から、安全環境の整備に努めること。

2　災害発生時の対応体制及び避難への備え

（1）　火災や地震などの災害の発生に備え、認定こども園法第27条において準用する学校保健安全法第29条の危険等発生時対処要領を作成する際には、緊急時の対応の具体的内容及び手順、職員の役割分担、避難訓練計画等の事項を盛り込むこと。

（2）　定期的に避難訓練を実施するなど、必要な対応を図ること。

（3）　災害の発生時に、保護者等への連絡及び子どもの引渡しを円滑に行うため、日頃から保護者との密接な連携に努め、連絡体制や引渡し方法等について確認をしておくこと。

3　地域の関係機関等との連携

（1）　市町村の支援の下に、地域の関係機関との日常的な連携を図り、必要な協力が得られるよう努めること。

（2）　避難訓練については、地域の関係機関や保護者との連携の下に行うなど工夫すること。

このように、青少年にとどまることなく、乳幼児を対象とした防災教育がより推進されるべきであること、また、これを受けて保育者養成校においても、教育内容として取り扱われるべきであると考えられています。

（3）これまでの幼児を対象とした防災キャンプ事業

　私たちの国では、2013年から開始された「防災キャンプ推進事業」の中で、学校等を避難所とした生活体験や体験的な防災教育プログラムを実施する防災キャンプの実施に際し、助成が行われてきました。2013〜2014年度は16道府県、2015年度は12道府県、2016年度は9道府県1市がこの助成によるプログラムを推進し、幼児を対象とした防災キャンプを実施した団体は、2013年の高知県教育委員会と2016年秋田県北秋田市でした。

　高知県が実施した防災キャンプは、多くの体験と様々な研修が組み込まれており、子どもたちだけでなく、PTA、地域住民、関係諸機関等の職員が参加しました。講演や学習会、フィールドワークを実施することにより、地震や津波に関する情報を地域と結び付けて考え、知識の共有化が図られ、地域の新たなネットワークの形成と絆を深めるきっかけとなりました。また、災害を想定した不便な避難所生活を集団で体験し、地域の一体感や防災意識の醸成につながりました。そして、学校が避難所としての機能を一時的であれ果たすために、どのような備えが不十分であったか、必要な対策を講じる契機となりました。子どもたちにとっても、防災キャンプは知識を学ぶと共に、保護者や地域の方々とのふれあいを通して優しさやぬくもりを実感する機会となり、地域を愛する気持ちや自分の役割を意識し、自己肯定感を高める体験になったと報告されました（資料4-15）。

資料4-15 2013年度体験活動推進プロジェクト「防災キャンプ推進事業」(文部科学省)において保育園児が参加した高知県教育委員会の事例

体験活動推進プロジェクト 防災キャンプ推進事業
高知県防災キャンプ推進事業 高知県教育委員会事務局学校安全対策課

A 2013年6月28日(金)～30日(日)「防災キャンプ in 黒岩」の実施
(佐川町教育委員会)
黒岩中央保育所・黒岩小学校・黒岩中学校の全児童生徒の参加

B 2013年11月22日(金)・23日(土・祝)「みんなで体験しよう、晩秋の防災キャンプ in ぬのしだ」の実施
(高知市教育委員会)
(小学校、保育園、自主防災等)

佐川町教育委員会
「防災キャンプ in 黒岩」実施概要
活動趣旨：黒岩小学校・黒岩保育所・黒岩中学校は土砂災害警戒区域に位置している。台風や大雨の度に柳瀬川の水位が増し、通学路である県道が水没する地域でもある。この防災キャンプでは、保育所・小学校・中学校が連携し、様々な防災教育プログラムを実践することにより、防災に関する知識を得るとともに、非常時に適切に協力し合って行動できる児童生徒を育成する。その際、自主防災組織をはじめとする団体や近隣の住民の方々のお力添えをいただくことで、地域の方々への感謝の気持ちと地域防災の感覚を育てていく。
参加人数：384名(内訳：黒岩小学校全校児童47名、黒岩中央保育所児童31名、黒岩中学校生徒22名、保護者100名、黒岩保・小・中教職員34名、地域住民他150名)

2013年6月28日（金） 黒岩中央保育所・黒岩小学校・黒岩中学校の全児童生徒の参加	
8：30	開会式
8：50～11：30	防災マップⅠ「保・小・中合同で通学路の危険個所を調べよう」
（9：40～）	**保・小・中児童生徒が、地区ごとに協力者といっしょに通学路を歩き、危険個所を確認する**
	地域の方と保育園児で昼食をつくろう（協力：地域・保護者15名）
	保育園児は非常食づくりに合流
	○活動　担当者集合　大鍋に湯を沸かす　保育園児が活動できるように準備
	保育園児の活動：レトルト食品の容器に、2Lのボトルから所定の水を入れる
11：30	お皿やスプーン、お茶等を配る
12：40～13：10	昼食（130食）
13：15	防災マップⅡ「学びを発表しよう　ここで地震が起こったらどうする？」（参加者120名）
13：30	
15：10	防災グッズ紹介
	応急処置体験
	避難訓練（自由時間に地震発生）
	保・小・中全児童生徒による避難訓練
	自由時間に地震が発生
15：10～17：00	安全だと思われる場所に避難
	体育館に避難（保育園児も避難してくる）
17：15～18：00	**保・小・中別の行動**
	保育園児：おやつ・絵本の読み聞かせ
	引渡し訓練
	保育園児・小学1・2年は、中学生炊き出しの食事をとり、迎えを待つ

18：00	保育所・小学校共に、引渡しカードを利用
20：00	参加者：保育園児 31 名・小学生 18 名とその家族
	1 日の振り返りと 2 日目の活動確認
	就寝

2013 年 6 月 29 日（土）
黒岩小学校全児童、**保育所児童は保護者と希望参加**、中学生（協力者として）

6：00	起床
6：30	朝の集い・黒岩避難所ボランティア隊の活動・朝食準備・清掃
7：20	朝食（乾パンと水）
8：15	1・2 年生登校
9：00～10：30	防災学習会 I「南海地震に備える」
10：30～13：30	消防団・地域の方の協働活動（参加者 100 名）
13：30～15：20	**起震車体験・煙体験・消火活動**
	講師：高吾北消防署・黒岩消防団 26 名
	参加者：全小学生・希望の保育園児と中学生、保護者・地域等 150 名
15：30～16：00	シャワー・救急救命法
16：00～20：00	**親子で防災を考えよう**（黒岩小学校 PTA 120 名）
	参加者：小学生とその家族（保育園児・中学生を含む）、教職員 120 名
	活動 1：炊き出し訓練　各班に分かれて活動する　ビニール炊飯・カレー・野菜サラダ
	活動 2：避難所での生活　プライベートゾーン確保のために、段ボールで仕切りを作る
	簡易トイレを工作する
（18：00	活動 3：キャンドルのつどい
～19：00）	広場に 600 個のキャンドルを並べ点灯
20：20	防災を考えるミニ研修会

| 21：00 | ２日目の振り返りと３日目の活動確認 |
| | 宿泊体験（小学２年生希望者、３〜６年生、保護者） |

2013 年６月 30 日（日）
黒岩小学校全児童・黒岩中央保育所児童は保護者と参加（希望）

6：00	起床
	朝の集い・黒岩避難所ボランティア隊の活動・朝食準備・
	清掃
7：20	朝食（乾パンと水）
8：15	１・２年生登校
9：00〜10：30	防災研修会２「東日本大震災を体験して」
10：40〜12：10	昼食用炊き出し訓練　おにぎりと味噌汁
13：00〜13：30	起震車体験・煙体験・消火活動
15：30〜16：00	閉会式

高知市教育委員会
「みんなで体験しよう　晩秋の防災キャンプ in ぬのしだ」実施概要
活動趣旨：集中豪雨や土砂災害、また地域や津波被害によって学校を避難所と
　　　　　して開設した場合を想定し、「みんなで防災キャンプ in ぬのしだ」
　　　　　を実施する。比較的過ごしやすい時期に設定しより多くの参加者に
　　　　　防災キャンプを体験してもらい、啓発を行うとともに、キャンプの
　　　　　運営力をつける。
実施日：2013 年 11 月 22 日（金）・11 月 23 日（土・祝）
実施場所：高知市立布師田小学校
参加範囲：布師田小学校の児童、布師田保育園の園児及びその保護者と地域住
　　　　　民
参加人数：232 名（内訳：布師田小学校児童 104 名、布師田保育園児 5 名、
　　　　　保護者 60 名、保育園の職員 2 名、教職員 19 名、地域住民 40 名、
　　　　　講師 2 名）※昼間のみ参加も可とする。

2013 年 11 月 22 日（金）	
14：00	<u>地震避難訓練</u>　○避難場所へ移動、受け渡し訓練 　●通学班でグループを編成 　●多いグループは班を分ける 　●リーダーは 6 年生とする（6 年生で決める） 　**●保育園児、地域住民は居所のグループに入る** <u>布師田小学校体育館集合</u>
14：30	<u>キャンプの趣旨とオリエンテーション</u>
15：20	○防災食の話（参加者：保護者、地域住民） 　　防災食として、何がどれだけ必要なのか、何日分ストッ 　クしておけばいいのか、防災クッキング教室、試食 　●電気ポットでできる煮込み料理（根菜料理と缶詰） ○フィールドワーク（参加者：児童、教員） 　●講評
16：40	<u>休憩、調整、就寝準備</u>
17：30	○就寝場所の準備、段ボール等を敷き、荷物を入れる <u>夕食（非常食体験）</u>　○通学班で夕食をとる 　●夕食メニュー：ビスケットと水 　●地震直後の避難中はこの食事のみになるとの話をす 　る（教員から）
17：45	<u>防災食の食べ比べ</u> ○ 10 年保存の防災食 14 品の食べ比べをする 　●準備：PTA 　●まず児童から食事をとり、その後大人がとる 　●おいしかったベスト 5 にシールを貼る <u>アンケート結果報告</u> 　●アンケート結果を報告する（本部） <u>自由時間（休憩）</u>
18：30	<u>まとめ</u>　○防災食についてまとめの話

19：00	防災マップを作ろう（学校〜自宅、自宅〜避難所）
	〇防災マップの作成
	●助言・指導
	●フィールドワークをもとに、通学班に分かれて地図に危険箇所等を書き込む
	●避難場所の確認、記入、経路の記入
20：00	●撮影してきた危険箇所を打ち出しマップに貼る
20：30	教室を避難場所として快適に過ごすために
	低学年就寝　〇教室の居住まいを工夫し就寝
21：30	●指導：保護者、教員他
22：30	●高学年はマップ作りを継続（助言・指導：地域住民、村上教授）
	高学年就寝
	スタッフ就寝
2013 年 11 月 23 日（土・祝）	
6：30	起床　支度　〇準備の早い児童はラジオ体操
7：00	朝食準備　〇PTA による炊き出し
	●朝食メニュー：ご飯と味噌汁、ほか
	朝食及び片付け
8：30	地域と合同フィールドワーク
	〇学校出発（参加者：児童、保護者、教職員、地域住民）
	●助言・指導
	●6 年生が引率
	●教職員は、あらかじめ決められたポイントで監督にあたる
	●危険箇所を参加者全員で確認する
11：00	●地域の避難場所にも上がる
	帰校
12：00	防災マップの完成と発表準備

13：30 14：30	○通学班ごとに防災マップを完成させ、発表練習を行う 昼食、片付け　○米飯は調理員による炊き出し（防災訓練） 　●昼食メニュー：カレー（PTA、地域住民）、米飯（給 　　食調理員による防災訓練） マップ発表会、講評　○通学班ごとの発表会 閉会式

（4）保育者養成校でのフィールドワーク実践

①防災キャンプの実践例

　2018年9月に、筆者は保育者養成校の学生と子ども（幼児及び小学生）を対象とした防災キャンプを実施し、「自分の命は自分で守ることを最優先としつつ、子どもの命を守る」ことをテーマとしました。このキャンプでは「学生自身が保育者であることを想定し、自然災害により園舎等が倒壊したため、避難場所へ避難した。両親は仕事に出ており、保育中である。交通機関の利用ができず、帰宅は困難である」という想定のもと実施しました（資料4-16）。

資料4-16　2018年に実施した防災キャンプ事例

第1日目【2018年9月28日（金）】
参加人数：保育者養成校の女子学生11名、幼児2名、学童1名、 北本市野外活動センタースタッフ2名　引率教員1名　計17名 場所：埼玉県北本市野外活動センター（埼玉県北本市高尾9-143）

14：00	集合（埼玉県北本市野外活動センター）
14：30	開会式とオリエンテーション（プログラム説明、役割分担等）
	持ちもの点検
15：00	子どもへの屋外読み聞かせ体験
	夕食の買い出し
	宿泊場所の整備
16：00	夕食の準備（カレーライス）　電気やガスを使用しない（北本市野外活動センター職員による指導）
17：00	夕食と片付け
18：00	入浴
20：00	自由時間　随時、グループによる子どもとの保育実践　地域との交流体験
22：00	就寝

第2日目【2018年9月29日（土）】	
6：00	起床
6：30	体操
7：00	朝食の準備
7：30	朝食（白飯・卵料理等）　電気やガスを使用しない（北本市野外活動センター職員による指導）
8：30	朝食の片付けと炊事場の清掃
9：00	宿泊場所の片付けと清掃
9：30	閉会式と写真撮影
10：00	解散

　防災キャンプの実践を通じて、自身のコミュニティを越えた交流により、新たな視点や価値観に触れること、また共同生活や体験によって社会のルールや自ら考えて行動する力を身につけること、そして保育者と

して地域活動を担うリーダーとしての資質を高めることをねらいとしています。さらに、自然災害等の危険に際して自らの命を守り抜くための「主体的に行動する態度（自助）」や災害後の生活や復旧等の「支援者となる意識（共助）」を身につけ、過去の災害について学ぶ、地域理解を深める、自然環境への愛着や誇りを育み、それを子どもたちへ伝えていくことを目的としました。

このような、青少年教育施設における自然体験活動や生活体験を通して身につけることができる判断力や行動力、協調性や社会性、危険を予測し回避する力、困難なことをやり抜く強い意志は防災に必要な力となります。参加した学生からのフィードバックでは、「火起こしから始める調理を体験したことで、次に何をするのか考えて行動できるようになった」「暗闇を体験することで、万一の場合は落ち着いて行動する自信につながった」「キャンプ後にあらためて災害時の避難経路や避難場所の確認をした」「子どもと生活を共にすることで、支援や配慮など、ただ衣食住を維持するだけでは保育現場としての防災は成り立たないと実感した」等のコメントがありました。

子どもたちと共に限られた自然環境の中で身体を動かすことや、ゆったりとした環境整備を心掛け、絵本の読み聞かせなどを行うこと、炊き出しなどを援助しながら共に取り組むことによる防災教育が子どもの多面性発達を促すことも期待できます。

②水害をテーマとした防災キャンプの実践例

2019年度に実施した台風による水害をテーマとした北本市野外活動センターで実施した防災キャンプでは、学生、小学生、幼児、保護者、コーディネーターが参加し、河川教育と防災教育プログラムを実践しました（資料4-17）。

資料4-17 2019年度に実施した防災キャンプ事例

● **10月21日（月）**

10：00　入所式、オリエンテーション（15：00までの流れについて）

10：30　防災キャンプに向けての目標の設定と掲示

11：30　避難所の設営準備（テントの設営、本部の立ち上げ、避難者の受け入れ準備を想定）

　　　　12：00～13：00　昼食（非常食体験①）

13：30　上映会

　　　　「洪水から身を守るには　〜命を守るための3つのポイント〜」

　　　　「水防団の神様　〜山からの知らせ〜」

15：00　設営準備完了と避難者の受け入れ開始（午後からの参加者を受け入れ）

　　　　防災紙芝居の読み聞かせ

16：00　オリエンテーション（22日朝10：00までの流れについて）

16：30　炊き出し訓練

18：30　配食訓練（整列し配食を受ける）と後片付け

19：30　入浴

21：00　停電体験（ろうそくの安全な使用方法）と就寝準備

22：00　消灯

● **10月22日（火・祝）**

　7：00　起床、体操、朝食（非常食体験②）

　　　　水辺の散策

　9：00　片付けと振り返りアンケート

10：00　退所式

1）子ども向け動画「洪水から身を守るには　〜命を守るための3つのポイント〜」と「水防団の神様　〜山からの知らせ〜」、防災紙芝居の読み聞かせ

　保育・教育現場が抱えている防災教育の課題の多くは、初期の段階で積極的な啓発を行うことであり、「心に届く」防災教育が必要であること

です。国土交通省の防災教育ポータルには、保育・教育現場で防災教育に取り組む際に役立つ情報・コンテンツとして、最新の取組内容や授業で使用できる教材例・防災教育の事例などを紹介しています。「洪水から身を守るには」は、2018年３月に公開された小学生向けの動画で、子どもたちの会話を通して、水の脅威と自分の命を自分で守るための必要な知識を学ぶことができます。「水防団の神様」は、web漫画として提供されていたものをアニメーション動画として2019年５月に公開したもので、より低年齢の子どもに対しても、土砂災害が起こった時の危険な場面を知ることを通じて、命を守るための行動と普段からの備えについて学ぶことができる動画となっています。紙芝居の読み聞かせは、学生が幼児を対象として実施しました、保護者も参加し、子どもたちへの語り掛けを行いました。

　今回のキャンプで、「夜になって雨が降り出し、何かあったときには学んだことをもとに行動しようと考えながら夜を過ごした。最悪の事態を想定して、行動することの大切さを実感した。人はなかなか逃げないものであることを知っておくこと、危険を小さく評価してしまうことで安心しようと考えてしまうことがあると思う」等のコメントがありました。

　災害の実態として、人は逃げ遅れることがあります。もともと人はなかなか逃げないものであること、人間の心には、自分に迫りくる危険を低く評価して心の平穏を保とうとする強い働きがあります。そのため、判断が遅れることのないよう、常に「命を守る」を最優先に避難する力を身につけるため、このような映像によるプログラムの実践が進められています。

２）備蓄食料の試食体験及び配食訓練プログラム

　今回の防災キャンプでは、電気と水道水を使用しない条件で備蓄食料を準備することとし、備蓄されているペットボトルの水を、薪とカセッ

トコンロを使用して加熱しました。アルファ米やみそ汁などの備蓄食料は1人分に小分けし、それらをテーブルに並べ参加者も2列になりながら順に配食を受けるようにしました。また、保護者へは保存食の羊羹を配布し、簡易に栄養を摂取することや糖分摂取の重要性などについての講話を実施しました。

キャンプの参加者からは、「食育ではないが、避難所生活をイメージすると、食事という機会を通じて、子ども同士が楽しめるような工夫があるとよいのではないかと思う。子どもたちが、少しでも元気を取り戻すことができるのではないだろうか。非日常を体験することで、子どもたちが食事の準備や提供などを積極的に頑張っていた。防災といえば避難訓練のことばかり考えていたが、保育者として被災した際にできる支援があることを知った」等のコメントがありました。

野外で過ごすなか、寒い時には質素であったとしても温かい食事がおいしく感じられます。子どもたちは、温かい食事のありがたみを身にしみて感じ、少しでも元気を取り戻すことが期待できます。避難所等における生活環境の確保は、住民が主体となって行わなければなりません。食事は、生活環境の確保の中で欠かせないもので、健康維持のためにも極めて重要です。

3）停電体験プログラム

災害時にはライフライン（電気・都市ガス・水道・情報・道路・下水道など）が使用できなくなり、電気が使えなくなる場合があります。災害時に備え、就寝時には枕元に懐中電灯や電池のランタン、LEDライトなど明かりになるものを常に準備しておくことが必要であると啓発されています。しかしながら実際の認識は低く、導入している家庭は少ないという現状があります。停電体験プログラムでは、バンガローの一室を真っ暗闇にして過ごし、実体験を通じて不安やおそれを感じると共に、

懐中電灯などの明かりがあることの安心感と大切さを認識し、今後の生活に取り入れる動機付けとしました。また、停電時の対応策として、ろうそくの安全な使用方法の説明と実演の後、缶を活用したろうそくの作成と点灯体験を行いました。

　参加者からは、「ライフラインが断たれ、集団で生活することとなった場合、様々な感染症や食中毒のリスクが高まると思う。そのため、様々な備えが重要であることと、衛生管理や健康管理に取り組むことが大切だと感じた。今回は、電気そのものではなく、単純に明かりが失われた場合の体験であったが、実際にはもっと深刻な孤立状態になってしまうこともあると思う。子どもたちは、今回の体験だけでも十分な不安を感じ、電気のありがたみを実感していたように思う。炊き出しや缶に入ったろうそくの作成などを通じて、火というものが災害にとって役立つものだと改めて実感した。今後も、様々な知恵を学び、伝えられたらよいと思う」等のコメントがありました。

　子どもたちはこのような体験だけでも不安を感じ、電気のありがたみを実感することができます。炊き出しや缶に入ったろうそくの作成を通して、火のありがたみを感じることもできます。台風による水害は全国各地で停電を発生させています。日頃から災害時の備えを意識し生活していくことの大切さにつながる体験プログラムを実践することが大切です。

(5) 防災キャンプの意義

　防災キャンプに向けて、関係者の方々と調整するなかでの共通認識に「災害時に子どもたちに生きていてほしい」という想いがあります。保育者として、子どもたちと共に災害に対して強くありたいという想いがあります。この想いに応えるように、子どもたちも真剣に取り組むよう

になります。さらに家庭や地域が取り組み、地域防災が向上することが、防災に強くなることといえます。

　災害に対する関心を高めるためには、防災知識を学ぶ授業形式や、安全な環境下で行われる避難訓練だけではなく、体験型のプログラムを導入することが有効です。避難訓練と合わせて何度も練習することにつながり、実際に適切な行動がとれるようになっていきます。可能であれば、地域住民とも連携をすることにより、配慮を要する子どもや高齢者、妊婦の方々への支援を学ぶ機会へもつなぐことができます。このような防災と福祉の連携も必要となるでしょう。

参考文献
・『さいたま市防災ガイドブック（令和2年改訂版）』さいたま市
・「水害時の避難・応急対策の今後の在り方について（報告）」内閣府 水害時の避難・応急対策検討ワーキンググループ　https://www.bousai.go.jp/fusuigai/suigaiworking/index.html
・内閣府「防災情報のページ　特集　防災教育」 https://bousai.go.jp/kohou/kohoubousai/h21/01/special_01.html
・「市町村のための水害対応の手引き　令和元年7月」内閣府防災担当　https://www.bousai.go.jp/taisaku/chihogyoumukeizoku/pdf/tebikikaitei.pdf
・文部科学省「今後の青少年の体験活動の推進について（答申）（中教審第160号）」 https://www.mext.go.jp/b_menu/shingi/chukyo/chukyo0/toushin/1330230.htm
・文部科学省「体験活動推進プロジェクト（防災キャンプ推進事業）」 https://www.mext.go.jp/a_menu/sports/ikusei/taiken/1329028.htm

第5章

感染症対策のための
保育環境整備

〜施設長・看護師の視点から〜

1 基本的な感染症対策 〜現場での実践から〜

　今回、ご紹介する保育所型認定こども園は、はぐはぐキッズ株式会社が運営母体となる定員約70名の中規模園となります。

　最初に、これまで園で行ってきた基本的な感染症対策から説明します。まず子どもたちに対しては、年齢によって保健指導の内容を変えています。当園は0〜5歳児まで6クラスありますが、手洗い指導は0歳児クラスからスタートし、エプロンシアターや絵本などを活用し、楽しみながら手洗いに興味を持てることを大切にしています(資料5-1、5-2)。2歳児より上のクラスでは、石けんを使った実演指導を行っています。普段はポンプ式の泡石けんを使って手洗いをしていますが、ばいきんの顔の形の紙石けんを使って、「ばいきんの顔が消えるまで洗って、ばい

資料5-1
紙石けん・エプロンシアター等

資料5-2
手洗いを楽しんで行う子どもたち

きんをやっつけよう」と声
をかけています。ばいきん
をやっつけるまで洗うには
思った以上に長い時間がか
かることを体験したり、楽
しみながら行ったりするこ
とで、子どもたちも意欲的
に手洗いをしようとしま
す。また、泡石けんの指導
も合わせて行っています。

資料5-3　マスク指導（４・５歳児クラス）

　マスクに関しては、幼児クラスではマスクを着用する目的を教え、４
歳児と５歳児には、実際にマスクを使ってつけ方と外し方、捨て方の指
導を行っています（資料5-3）。乳児の場合、窒息の危険性や熱中症の
リスク、体調異変（顔色、呼吸の状態など）の発見が遅れるなどの問題
があるため、マスクの着用は推奨していません。なかには不安を抱く保
護者もいるので、給食時や戸外活動中だけ外してもらったり、替えのマ
スクやマスクを収納するファスナーつきのビニル袋を持参してもらった
りするなど、家庭ごとに臨機応変に対応しています。また、マスクには
必ず子どもの名前を書いてもらっています。

　職員がマスクを着用すると顔の表情や口元が隠れてしまい、子どもの
育ちに影響するという指摘もありますが、都内では感染状況が長らく深
刻だったこともあり、当園では感染防止を第一に考えています。看護師
がマスクの素材によっても防御効果に大きな違いがあることを伝え、不
織布マスクを着用してもらっています。しかし、感染者数にもよりますが、
保育士の表情を大切にする場面では、マウスシールドを部分的に使用す
ることもあります。当園でも卒園式や保護者会などで使用しました。

資料5-4　床に貼られた足跡クイズ

トイレや手洗いをする際、子どもたちが自主的にソーシャルディスタンスを保てるように、職員間で話し合って床の至るところに目印を貼っています。目印は子どもたちが自らその上に並びたいと思えるものがいいと考えて、様々な動物の足跡クイズになっています（資料5-4）。実際に足跡を目にした子どもたちは、「この足跡は何の動物の足跡だろう」と言いながら、自然と間隔を空けて並んでくれるようになりました。足跡の近くには動物の写真が貼ってあり、それが答えになっています。

　定期的な検温は、コロナ禍の前は午睡後の1回だけでしたが、現在はそれに加えて、登園時、昼食前、おやつ前と、検温の回数を3回に増やしています。職員は出勤時に検温を行い、「職員の健康観察表」（資料5-5）にチェックを入れています。

　保護者に対しては、園内への入室を最小限にし、送迎時の会話も以前より短い時間で終わらせるように心がけています。保護者にはマスク着用をお願いしており、送迎時にマスクを着用していない保護者はほぼいません。保護者が園内に入れなくなったことで、保育の中身が外から見えにくくなりました。保護者とコミュニケーション不足になるおそれもありましたが、当園では様々な方法で保育の可視化を図っています。その具体的な内容については、後ほど詳しく紹介します。

　保育中に体調不良を訴える子どもが出たら、事務所に移動させてほかの子どもから隔離します。対応する職員も2人程度とし、担当者以外は

資料5-5　職員の健康観察表

はぐはぐ東上野 健康観察表　　平熱（　　）℃ 氏名

月日・曜日	体温	健康状態				
		咽頭痛	咳	鼻水・鼻閉	倦怠感	その他(味覚障害など)
9月1日(火)	℃	あり・なし	あり・なし	あり・なし	あり・なし	
9月2日(水)	℃	あり・なし	あり・なし	あり・なし	あり・なし	
9月3日(木)	℃	あり・なし	あり・なし	あり・なし	あり・なし	
9月4日(金)	℃	あり・なし	あり・なし	あり・なし	あり・なし	
9月5日(土)	℃	あり・なし	あり・なし	あり・なし	あり・なし	
9月6日(日)	℃	あり・なし	あり・なし	あり・なし	あり・なし	
9月7日(月)	℃	あり・なし	あり・なし	あり・なし	あり・なし	
9月8日(火)	℃	あり・なし	あり・なし	あり・なし	あり・なし	
9月9日(水)	℃	あり・なし	あり・なし	あり・なし	あり・なし	
9月10日(木)	℃	あり・なし	あり・なし	あり・なし	あり・なし	
9月11日(金)	℃	あり・なし	あり・なし	あり・なし	あり・なし	
9月12日(土)	℃	あり・なし	あり・なし	あり・なし	あり・なし	
9月13日(日)	℃	あり・なし	あり・なし	あり・なし	あり・なし	
9月14日(月)	℃	あり・なし	あり・なし	あり・なし	あり・なし	
9月15日(火)	℃	あり・なし	あり・なし	あり・なし	あり・なし	
9月16日(水)	℃	あり・なし	あり・なし	あり・なし	あり・なし	
9月17日(木)	℃	あり・なし	あり・なし	あり・なし	あり・なし	
9月18日(金)	℃	あり・なし	あり・なし	あり・なし	あり・なし	
9月19日(土)	℃	あり・なし	あり・なし	あり・なし	あり・なし	
9月20日(日)	℃	あり・なし	あり・なし	あり・なし	あり・なし	
9月21日(月)	℃	あり・なし	あり・なし	あり・なし	あり・なし	
9月22日(火)	℃	あり・なし	あり・なし	あり・なし	あり・なし	
9月23日(水)	℃	あり・なし	あり・なし	あり・なし	あり・なし	
9月24日(木)	℃	あり・なし	あり・なし	あり・なし	あり・なし	
9月25日(金)	℃	あり・なし	あり・なし	あり・なし	あり・なし	
9月26日(土)	℃	あり・なし	あり・なし	あり・なし	あり・なし	

当該の子どもと接触しないようにしています。

　はぐはぐキッズ株式会社の法人としての感染症対策もお伝えすると、当社の保育園は、台東区以外にも大田区、品川区の3区に所在しています。もし園内で感染者が出た場合、管轄する区によって窓口も対応も異なりますが、基本的には施設長から区に連絡するという流れになります。

こうしたフローがしっかりできているので、万一の場合でも落ち着いて対応できると思います。

 感染症対策における各専門職の役割

　当園の職員の構成は、保育士、栄養士、調理師、保育補助、そして看護師と施設長です。感染症対策を実施するにあたり、それぞれの役割分担を決めています。

　保育士は、園内の衛生管理、子どもたちの健康チェックが主な役割です。栄養士と調理師は給食とおやつを園内の給食室で調理していますが、保育室での配膳時の感染を防止するために、以前は栄養士が給食室で配膳まで行っていました。職員間で新型コロナウィルスについて理解が深まったため、現在はしっかりと感染症対策を行いながら保育士が保育室で配膳しています。保育補助は、園内の清掃に加えて、衛生面で問題がある場所がないかチェックしてもらっています。衛生管理と情報収集を主に行っているのが施設長と看護師です。看護師とは、行政文書を一緒に確認したり、ほぼ毎日、互いに得た情報のすり合わせを行ったりしています。新型コロナウィルスの感染が拡大した当初は不安に感じる職員もいましたが、新型コロナウィルスに関する知識や情報を職員全員で共有し、園でできる最大限の感染症対策をみんなで話し合い、決定してきたので、感染症対策に関して職員間で根本的な考えに大きな違いはありません。感染症対策を徹底したうえで、「子どもたちの育ちを止めない、質のいい保育を継続する」、その思いを常に職員同士で共有、確認し合っているので、いままでに意見が衝突するようなことはありませんでした。

3 変異株の出現で見直した感染症対策

　園の新型コロナウィルス感染症対策に関するガイドラインは、1回目の緊急事態宣言中にほぼ内容が固まりました。比較的早い段階で決まったため、現場が混乱するようなことはありませんでした。ところが、新型コロナウィルスと共生する「新しい日常」に慣れてきて、感染症対策を一部緩和しようと考えていた矢先に、従来株より感染力の強い変異株が増え始めました。子どもにも感染が広がり、保育園でクラスターが発生したというニュースも目にするようになったため、感染対策を見直す必要に迫られました。

　見直した点は次のとおりです。まずは消毒体制の強化です。それまでもドアノブや手すり、机や椅子、おもちゃなど、子どもたちが日常的に触れるものは1日数回消毒していましたが、その回数をさらに増やしました（資料5-6）。そして、改めて布製のおもちゃの使用を控えたり、絵本は1日ごとに入れ替えて使用するようにしました。職員のマスクを取り替えるタイミングは、以前から行っていた便のオムツの交換時と配膳時に、出勤後を加えました。子どもたちが鼻をかんだティッシュは、密閉性が高い蓋つきの専用ゴミ箱に廃棄するようにし、子どもたちの検温回数を4回に増やしたのもこのタイミングでした（資料5-7）。

　また、発熱してから休む

資料5-6　協力して消毒をする職員

資料5−7　2021年緊急事態宣言延長時に出した保護者へのお知らせ

新型コロナウィルス対策につきまして、いつもご理解とご協力をいただき、ありがとうございます。

現在都内の感染状況は増加傾向にあり、国は東京都に対して「緊急事態宣言」の期限を9月12日まで延長することに決定しました。園では台東区からのマニュアルに沿ってより一層、感染拡大防止に努めて参ります。

現在、園で行なっている対策の一部を紹介させていただきます。

①職員のマスク着用について

感染症対策のため、以下の際、職員はマスクを新しい物に付け変えています。

・出勤時から保育に入る際

・排便時のおむつ替えの後

・給食時の配膳前　※その他も汚れた際は適時取り替えています。

感染力の強い変異株への対策も兼ね、保育中には予防効果の高い不織布マスクを着用するようにしております。（熱中症対策として体を動かす際等は不織布マスク以外のマスクを着用する場合がありますが、保育中には飛散防止効果の高い不織布マスクをできる限り徹底していくようにいたします。）

※はぐはぐキッズこども園では健康上、物理的理由により着用の義務化の徹底は難しいこともあると考えておりますが、不織布マスクを推奨し、場面に応じたマスクの使い分け、生活の中での複数の対策を組み合わせることで感染リスクを下げることを意識してまいります。どうぞ保護者の皆様もできる限りの対策のご協力をよろしくお願いいたします。

②おもちゃ等の衛生管理について

おもちゃは毎回使用後にアルコール消毒をし、さらに適時水洗いや消毒液につけ洗いをしています。

絵本は毎日入れ替えをしています

菌の残りやすい布のおもちゃは現在使用を控えています。

③鼻水や唾液のついたティッシュペーパーの取り扱いについて

各クラスに専用の蓋付きのゴミ箱を設置し、飛沫が飛ばないよう管理しています。

その他、園内の消毒等、様々な対策を行なっておりますが、保護者の皆様の多大なるご協力を頂いているからこそ、はぐはぐキッズの子どもたちが元気に過ごすことができていると痛感しております。

今後も園内のコロナ対策を強化してまいります。子どもたちには清潔行動が身につくよう現状に合わせた保健指導をしつつも、可能な限り普段通りの生活が送れるような保育を心がけていきます。

そして、これからも子ども達の育ちを止めないよう「コロナ禍の保育の工夫」を日々職員間で話し合っていきます。

お祭りごっこのおみこしを担ぎながらみんなで願った「コロナが終息しますように」「笑顔で元気に過ごせますように」を目指して・・・。

今後ともどうぞよろしくお願いいたします。

不安な点や、ご心配なこと等ありましたらお気軽に施設長、看護師、職員までお声掛けください。

のではなく、子どもの様子がいつもと違ったり、同居家族に体調不良者がいたりしたら、無理して登園させないように保護者にお願いしています。体調不良で休んでいた子どもが回復してから再登園する目安は、「こんな症状がある時は登園をお控えください」（資料5-8）を配布し保護者に周知しています。

資料5-8　「こんな症状がある時は登園をお控えください」（保護者向け）

こんな症状がある時は登園をお控えください

発熱がある
　○24 時間以内に 38℃以上の熱が出た場合
　○解熱剤を使用している場合
　○朝から 37.5℃以上の熱があることに加えて、元気がなく機嫌が悪い、食欲がなく朝食・水分がとれていないなど全身状態がよくない時
　　（発熱時の体温はめやすであり個々の子どもの平熱において判断する）
咳が出ている
　○夜間しばしば咳のために起きる
　○ゼイゼイ音、ヒューヒュー音や呼吸困難がある
　○呼吸が速い
　○少し動いただけで咳がでる
下痢をしている
　○24 時間以内に複数回の水様便がある、食事や水分を摂るとその刺激で下痢をする。
　○下痢と同時に体温がいつもより高いなどの症状がみられる
　○朝に、排尿がない、機嫌が悪く元気がない、顔色が悪くぐったりしているなどの症状がみられる
嘔吐した
　○24 時間以内に複数回の嘔吐がある
　○嘔吐と同時に体温がいつもより高い
　○食欲がなく水分も欲しがらない
　○機嫌が悪く元気がない
　○顔色が悪くぐったりしている
発しんがある
　○発熱とともに発疹がある
　○感染症による発疹が疑われ、医師より登園を控えるよう指示された
　○口内炎がひどく食事や水分が摂れない
　○発疹が顔面等にあり、患部を覆えない
　○浸出液が多く他児への感染の恐れがある
　○かゆみが強く手で患部を掻いてしまう

「保育所における感染症対策ガイドライン」に沿っての対応となります。
年間を通して以上のような症状があるときはこちらを参考にしてください。

保育の可視化のための様々な取組

　以前から保育の可視化を目標にしてきましたが、コロナ禍になって保護者が保育室に入れなくなった分、園として発信することの大切さを痛感しています。

　とはいえ、園から決定事項などを一方的に知らせるだけでは、保護者と真の信頼関係を築くことはできません。変異株の拡大で感染症対策を見直したときもそうでしたが、根拠となる情報を提示しながら、その対策を行う理由や意図も説明したうえで、保護者にご協力をお願いしています。また、区からの通達もできるだけ速やかに配信するようにしています。この他にも、保育の可視化のために次のような取組を行ってきました。

（1）「ほっこり通信」の配信

　「こんにちは。はぐはぐキッズこども園上野です！　今日は昨日とはうってかわって良いお天気ですね。外出、登園自粛の日々が続いていますが、みなさまいかがお過ごしですか？　心も身体も疲れがちな毎日に、これから『はぐはぐほっこり通信』でちょっぴりほっこりするような情報をお届けしていきます！」

　2020年4月、最初の緊急事態宣言に伴い、保育園への登園自粛の要請が出されました。先行きがまったく見えないなか、このような書き出しで始まったのが「ほっこり通信」です。登園自粛にご協力いただいている家庭に向けて、園や職員の様子を知らせるためにほぼ毎日配信しました。1回目の「ほっこり通信」のテーマは、5歳児クラスで飼育されているカメ。2匹のカメの様子を伝えるとともに、職員の笑顔の写真も

添えました。その後は、身近なものを使ったおもちゃの作り方や職員がおすすめする絵本、家で作れる園の給食のレシピなどを紹介しました。また、全国的に深刻なマスク不足になったときは、「○○のお店で○日に少しだけマスクを売り出すようだ」などの情報が錯綜し、家庭でも切迫した状態が続きました。その際には、職員自作のマスクと職員の笑顔とともに、手作りマスクの作り方の情報を紹介しました（資料5-9）。

　こどもの日には、職員が大きな鯉のぼりを制作する様子を報告しました。この鯉のぼりは、1人の職員が「ほっこり通信」で子どもたちに元気を届けようと作り始めたものです。その様子を見たほかの職員も作業に参加したところ、いつの間にか全員で楽しみながら制作していたことが嬉しくなり、その全過程を配信しました。ちなみに、その鯉のぼりの鱗は職員の手形でできています。

　「鯉というお魚は、強くて流れが速い川でも元気に登るお魚だと古くから言われています。そんなたくましい鯉のように、子どもたちが元気に大きくなることをお願いする意味を込め、はぐはぐ鯉のぼりを作り、園内に飾りました」と、職員たちの「子どもたちが元気にたくましく育ってほしい」という思いも一緒に伝えました。毎回500字程度の短い文章で、取り上げる題材は日常の何気ない出来事を中心にまとめました（資料5-10）。自粛要請解除後の保護者会では、「家に引きこもりがちで不安に襲われることもあったが、毎日送られてくる『ほっこり通信』のおかげで気持ちが明るくなった」「『ほっこり通信』で園の様子を教えてもらっていたので、登園を再開したときに不安を感じることなく、安心して登園できた」などと嬉しい声がたくさん届きました。

　登園自粛期間中は職員も一番不安に感じていた時期でしたが、「ほっこり通信」を毎日書くうちに、職員の心にも変化が表れました。「ほっこり通信」の題材を探すことが日常となり、ほっこりするエピソードを

資料5-9　「ほっこり通信」
手作りマスクの紹介

資料5-10　「ほっこり通信」
職員の思いを込めた鯉のぼり

「はぐはぐほっこり通信⑤」2020.5.8

こんにちは！
はぐはぐキッズこども園東上野です。

ウィルスに負けないように、手洗い、うがい、大笑いはしていますか？

子ども達は「なんでマスクをしないといけなの？」と嫌がったりして困っていることはありませんか？

手を洗ったり、マスクで口元を覆うことは**ウィルスに感染しないための予防**、十分な睡眠とバランスの取れた食事は**悪化しない体力づくり**となり、新型コロナウイルスの対策となります！

なかなか手に入れることができないマスク、、、白いマスクではなくてかわいいマスクでおしゃれしたい♪（マスク不足緊急対応用としても役立ちます！）

と、いうことで今日は先生たちのかわいい手作りマスクを紹介いたします。

ミシンがなくても、ちょっとお裁縫が苦手でも、、、大丈夫です。上手にできました～！

家にある布や紙ゴムなど縫わずに簡単に作れるものもあるので、ご興味のある方はインターネットで見てみてください♪

お子様の好きな柄や布なら、子どもたちも喜んで付けてくれるかもしれません！！！

新コロナウイルスから身体を守るために、みんなで力を合わせて頑張っていきましょう！！！

「 はぐはぐ ほっこり通信① 」2020.5.1

こんにちは！はぐはぐキッズこども園東上野です。

今日から5月になり、気温も高くなってきましたね！さて、もうすぐこどもの日ですね。やねよーりー たかーい こいのーぼーりー♪ということで、こどもの日といったら鯉のぼり！そこで大きな大きな鯉のぼりを作ることにした大橋ななみ先生。

ななみ先生と土田すずか先生が絵の具遊びしたものを土台にして作り始めると...

「鯉のぼりを廃材の筒につけたらいいかも！」と大畑まゆ先生が加わり、

「黄色いボールを上につけたらいいかも！」と磯村たくや先生が加わり、

「兜を作って被ろう！」と冨田ちひろ先生が加わり、「みんなで写真を撮ろう！」とあっという間に本日出勤の職員全員が加わっていました！！そして、先生たちの手形を鱗に見立てて素敵な鯉のぼりが完成しました♪

鯉というお魚は、強くて流れが速い川でも元気に登るお魚だと古くから言われています。そんなたくましい鯉のぼりのように子どもたちが元気に大きくなることをお願いする意味を込めて鯉のぼりを作り園内に飾りました☆

5月5日はこどもの日！しょうぶ湯に入って病気やわるい物を追い払いましょう♪

はぐはぐキッズのお友達がはぐはぐ鯉のぼりのように大きく元気にたくましくなりますように！

みんなで共有していくなかで物事を前向きに考えられるようになり、「保育士としての役割を果たすためにできることをしよう」という姿勢に変わっていきました。「ほっこり通信」は自粛要請明けに一旦ストップしましたが、保護者からの要望で、現在は不定期に配信しています。園の日常だけでなく、保護者に安心してもらえるように、園の感染症対策の紹介や、安全管理に関する研修についても報告しています。

(2) ラーニング・ストーリーを通した実践

　ラーニング・ストーリーは、幼児教育先進国のニュージーランドで取り入れられている子どもの発達・成長記録です。子どもを「できる」「できない」で評価・判断せずに、ありのままの姿を肯定的にとらえることを目指すものです。当園では、2019年4月にはすでに導入していました

が、コロナ禍で取組が加速しました。

　資料5-11が、実際のラーニング・ストーリーです。2歳児クラスの手洗い指導で、看護師が『ばいきんをやっつけろ！』という絵本を読み聞かせた日のこと。Hくんという男の子がトイレ後に時間をかけて手を洗っていることに、職員は気づきました。Hくんは、絵本を通じて手を洗うことでばいきんをやっつけられることを知り、早速実践していたのです。手洗いが終わると、Hくんは排水溝に流れていく石けんの泡を最後まで見届け、排水溝に「ばいばーい！」と手を振っていました。その様子から、目には見えないばいきんをイメージしていたことがわかりました。このような子どもの素敵な一面や成長を感じられる場面を、ラーニング・ストーリーとして日々記録していきます。

　ラーニング・ストーリーは保護者にも渡します。ラーニング・ストー

資料5-11　ラーニング・ストーリー「バイキンバイバイできたよ！」

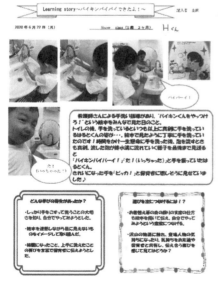

リーを読んでもらうことで、子どもの肯定的な活動場面を保育者と保護者で共有できます。保護者は、園で子どもがいまどんなことに興味を持っているのかがわかり、子どもの新たな一面も発見することができます。ラーニング・ストーリーには保護者がコメントを書く欄もあり、保護者との双方向のやり取りが可能です。保護者とともに保育をしていくということをずっと意識していますが、ラーニング・ストーリーは子どもの学びや育ちを共有するのに役立ちます。

　園では、ラーニング・ストーリーが全員分完成したら、ファイルにまとめて誰でも閲覧できるようにしています。もちろん、子ども自身も見ることができます。まだ文字が読めない子どももいますが、ラーニング・ストーリーに載っている自分の写真を見ているときの誇らしげな表情から、自分が職員や保護者から見守られていること、大切にされていることを感じ取っている様子がうかがえます。

　ラーニング・ストーリーは、職員にも大きな変化をもたらしました。記録として残すことで、自分の保育を振り返るよいきっかけとなり、子どもたちの主体的な活動を見守ることができるようになりました。その結果、子どもたちの強みや子どもたち自身が持っている力にも、より一層目を向けられるようになったと思います。職員同士で子どもたちのエピソードを共有するため、園全体で物事を肯定的にとらえる風土が養われ、保育の楽しさ、保育の質の向上もますます実感できるようになりました。

　ラーニング・ストーリーの素晴らしいところは、目の前の子どもの学びを可視化できるため、次につながる保育のヒントも得ることができるところです。資料5−11のHくんの手洗いのエピソードでは、手洗いは何気ない生活の一部です。担任の先生はいつもより長い時間をかけて1人で手を洗っているHくんの姿に気づきましたが、肯定的にとらえる

視点がなければ、「早く手洗いを終わらせて部屋に戻ろう」「みんなが待っているよ」と止めていたかもしれません。しかし、実際は「何故ずっと手洗いをしているのだろう」「どんな気持ちで手を洗っているのだろう」と、観察者として見守り続けました。すると、先ほど見た絵本のとおりに指先まで念入りに洗っていることがわかり、Hくんが絵本で見たことを自分自身に落とし込んで一生懸命実践していることが理解できたのです。その姿に驚きと喜びを感じた担任の先生は、ラーニング・ストーリーとして記録に残しました。ラーニング・ストーリーは、保育者の観察力を高め、保育者も成長していけるものだと感じました。そして、ラーニング・ストーリーを共有することで、その観点が他の保育者や保護者にまで広がり、子どもにかかわる人たち全員で感動や発見を分かち合うことができました。

　新型コロナウィルス感染症第1波での登園自粛期間中は、全国的に不要不急の外出自粛が要請され、小・中学校も休校となり、町はすっかり静まりかえっていました。そんな見たこともない景色のなか、2020年4月の初めまで園には多くの登園児がいました。4月10日に区から登園自粛の要請をされて以降も、エッセンシャルワーカーとして働く保護者の子どもの保育のため、職員は出勤し続けていました。テレビでは感染者が出た園の保育士の行動履歴が報道されていました。自粛の1か月前には近隣病院で全国初のクラスターが発生するなど、不安や緊張を強いられる状況が続いていました。また、「自分たちが子どもに感染させてしまうのではないか」という恐怖を感じたり、「保育士は何のためにいるのか」と自分たちの存在意義が揺らいだりしたこともありました。不安を感じる職員に対して、「近隣でも感染者が出ているなか、1人も感染者を出さずに乗り切ることができたらすごいことではないか。いつか『あのときは大変だったけれど、みんなで乗り越えられてよかったね』と、

笑い合える日が来ることを目指したい。自分たちが不安になってしまうと、保護者や子どもたちの気持ちが不安定になってしまうだろう。自分たちがいまできることを見つけて取り組んでいきたい」と伝えました。そうすると、職員からも「頑張りましょう」と声が上がり、職員同士、士気を上げ合う雰囲気ができました。

　また、その頃になると在宅勤務の環境が整うようになり、交代で勤務するようになりました。毎日の昼礼では、週末のおすすめの過ごし方やいま夢中になっていることなど、職員同士で明るい話題を交えて励まし合いました。コロナ禍の前から、ラーニング・ストーリーを書くために子どもたちの肯定的な姿を探す習慣がついていたため、職員自身が物事を肯定的にとらえ、考える姿勢が身についていたのだと思います。そのため、何か自分たちにできることをしたいという思いから、「ほっこり通信」のアイデアが生まれました。職員が子どもと同じ目線に立ち、子どもたちの主体性を育むようになったのも、周りの人への感謝と信頼の気持ちが深まったのも、ラーニング・ストーリーの影響が大きいと思います。

　ラーニング・ストーリーは、まだまだ多くの可能性を秘めています。コメント欄を通して保護者とやり取りをしていますが、なかには子どもの家庭での様子をラーニング・ストーリーとして記録し、園で共有してくれた保護者もいました。保護者にとってもラーニング・ストーリーを書くことが身近になったようです。このように、肯定的な姿を家庭と共有したりすることが増えたことから、子どもの育ちを感じた瞬間を保護者とより深く共有することが当園の将来的な目標となりました。

(3) プランニングウォールの展示

　2021年度より、送迎時に保護者の目に留まるように、園の玄関にはプランニングウォールという展示スペースを設けています（資料5-

資料 5-12
0歳児クラス プランニングウォール

資料 5-13
2歳児クラス プランニングウォール

12、5-13)。子どもたちの心が動いた瞬間をとらえ、子どもたちが夢
中になっているものを展示しています。1か月に1クラスの展示ですが、
「子どもたちはいま、こんなことに夢中になっているのか」と、保護者
の関心も高いです。園で行っていることに対して保護者からの反応が多
く、活動に関連する物を持ってきてくれることもあります。園や子ども
たちのためにいろいろ考えてくれる保護者の姿に、胸が熱くなることも
しばしばです。

　プランニングウォールの趣旨は、子どもたちの世界を壊さずに子ども
たちの真剣な表情や姿をとらえることなので、横顔や後ろ姿の写真に
なってしまうこともあります。この点については、園だよりで保護者に
趣旨を説明して理解を得ています。また、保育ICTシステムを導入して
写真販売をしており、日常の様子もそこで見られるようになっています。

（4）日々の保育の様子を写真で配信

　自粛要請明けは、「ほっこり通信」を一旦停止しました。その代わりに、乳児クラスでは連絡帳に写真を添付し、幼児クラスでは1日の活動の様子を写真に撮り、メッセージを添えて先の保育ICTシステムから毎日配信するようにしました。後ほど説明するように、現在は別のアプリも利用して動画配信を行っていますが、写真の配信も継続して行っています。

　コロナ禍で直接接する機会は少なくなりましたが、こうした工夫を積み重ねることで、保護者とのコミュニケーションを深めていきたいと考えています。何らかの情報を発信すると、様々な形でご協力いただけることには感謝の気持ちしかありません。園主導ではなく、保護者と一体となって子どもの育ちや成長を見守っているという感覚があります。保護者のご協力が得られると、それが職員にとっても大きな励みになります。当たり前のことですが、最近は何かを企画する際に、どうすれば子どもたちも保護者も楽しめるのか、どんな心の充実があるのかを考えるのが習慣になっています。

５　感染症対策と行事の充実を両立させる工夫

　「コロナ禍だから、仕方がない」と妥協するのではなく、「コロナ禍だからこそできることはないのか」と考え、「いい思い出になった」と思えるような保育を常に目指しています。感染症対策の観点から内容を見直した行事もありましたが、制限があるなかでベストな方法を模索するうちに、工夫次第でいくらでも楽しくなることに気づかされました。職員

はコロナ禍の前より柔軟な発想ができるようになり、自ら考える力も養われました。

　ここからは、例年の行事をコロナ禍でどのように変更したかを中心に、具体的な行事の例を挙げて説明します。

（1）スペシャルおたのしみデイ

　5歳児クラスは、毎年3月に卒園記念のバス遠足に行っていました。2019年度もその予定でしたが、感染状況の悪化で中止を余儀なくされ、子どもたちも保護者もとても落胆していました。卒園遠足の代わりに園内で何かできないかと思い、職員と子どもたちで知恵を絞った結果、「スペシャルおたのしみデイ」を計画しました。

　子どもたちにその当時一番したいことを尋ねたところ、「凧揚げ」「縄跳び」「鬼ごっこ」という答えが返ってきました。さらに、職員間で子どもたちが喜ぶことや楽しめることは何かを考えた結果、職員全員と接することができる「先生クイズスタンプラリー」の案が生まれました。これは、子どもたちが職員一人ひとりのもとへ訪れてその職員に関するクイズを出してもらい、正解するとシールがもらえるというもの。全員分クリアすると、施設長から手作りのバッチのプレゼントがある行程です。乳児クラスの子どもたちと職員からは、卒園児に手紙を渡したいという案が出ました。栄養士からは、遠足先で作る予定だった、子どもたちが大好きなピザを給食のメニューにし、ピザの具材は子どもたちに選んでもらうというアイデアが出てきました。さらに、おやつには愛情のこもったハート型のおにぎりを提供してくれるとのことです。おやつは、園内のどこでも好きなところで食べられるという特典もつけました。このように打ち合わせで出たアイデアをすべて実施しました。

　「スペシャルおたのしみデイ」中の子どもたちは、弾けるような笑顔

資料5-14 「スペシャルおたのしみデイ」のラーニング・ストーリー

をしていました。それを見たとき、開催してよかったと心の底から思いました。当日の様子をラーニングストーリーにして各家庭に渡したところ、保護者からも温かい反応が返ってきました（資料5-14）。

(2) 卒園式

　園生活の集大成ともいえる卒園式。2019年度の卒園式は、コロナ禍になって初めて迎える卒園式となりました。例年は4歳児クラスも参加して大人数で送り出していましたが、実施方法を急遽見直さなくてはなりませんでした。他園では、子どもだけの開催や動画配信で開催したという情報もありました。当園でも密を避け、最小限の人数で実施するにはどうしたら良いかを考えました。はじめは、4歳児クラスの子どもたちは参加をせず、卒園児の保護者1人のみの出席で検討していました。しかし、両親で子どもたちの晴れ姿を見てもらいたいという気持ちは全

員一致していたため、職員の人数を減らして両親ともに出席してもらう形での開催としました。4歳児クラスの子どもたちは参加ができませんでしたが、準備していた歌や贈る言葉を卒園式の当日に映像で流してプレゼントしました。保護者が涙ながらに子どもの姿を眺める姿を見て、両親そろって出席できる形にして良かったと心の底から思いました。また、固定概念にとらわれず、感染症対策と保育の両方の観点から大切にすべきことを柔軟に考え、実践することの意義を学びました。

　2020年度の卒園式では、さらに工夫を重ねました。世の中がコロナ一色となり、保護者からも、せっかくの卒園式のタイミングで感染状況が悪化していることを残念がる声が聞かれました。それがきっかけで、感染症対策だけでなく、実施方法を工夫し、心に残る卒園式にする案を見つけることができるのではないかと思い、職員に相談しました。そこで出た案が、卒園式に出席する職員によるサプライズのハンドベル演奏でした。さらに、4歳児クラスからのプレゼントに加え、出席を控えた職員からのビデオメッセージを流しました。職員手作りのクラッカー、大量の紙吹雪も、職員が考えてくれたプレゼントでした。ハンドベル演奏は拙いものだったかもしれませんが、子どもたちはもちろんのこと、保護者、職員全員が、卒園を心からお祝いできる良い式になったのではないかと思っています。この特別な日だけは、マスクではなくマウスシールドを着用し、保育者の表情が見えるようにしました（資料5-15）。

資料5-15　2020年度の卒園式

（3）遠足ごっこ：園内動物園

　「スペシャルおたのしみデイ」から半年後、2020年度の全園児遠足のときも緊迫した状況が続いていました。例年、乳児は上野動物園、幼児はバスに乗って博物館などに行っていましたが、感染拡大の状況を鑑みて中止とし、創意工夫をこらして楽しい行事にしようと職員間で話し合いました。その結果、生まれたのが「園内を動物園にする」というアイデアです。どうしたら感染症対策をしながらみんなで楽しめるか、何度も話し合いを重ねました。密を避けるため、１クラスずつテーマを決めて動物園の準備をし、遠足ごっこ当日も１クラスごとに園内を探検してクラスごとの動物園を見て回ることにしました。そのアイデアを子どもたちに伝えたところ、子どもたちからもたくさんのアイデアが出ました。主役はあくまでも子どもたち。子どもたち主導で方向性を決めていきましたが、準備の段階からみんな本当に楽しそうでした。5歳児クラスは「大きなシロクマとペンギンを制作する」と言い、職員はそっと見守っていたところ、ほとんどの部分を自分たちの力で完成させました。ところろが、完成したシロクマとペンギンは、バランスが悪くて毎日倒れてしまいます。子どもたちなりにどうしたら倒れなくなるかを考えるうちに、毎日少しずつバージョンアップしていきました。

　当日は、子どもたちも

資料5-16　園内動物園

資料5-17
園内動物園を楽しむ子ども①

資料5-18
園内動物園を楽しむ子ども②

職員も終始笑いが絶えませんでした。子どもたちが動物に扮するクラスもあれば、自作の動物を展示して子どもたちが案内するクラスもあります。動物にエサやりをするコーナー、子どもたち自作のおみやげがもらえるコーナーもありました。熊の赤ちゃんが生まれるイベントまで考えていたのには驚きました。動物が大好きな子どもたちは本当に楽しそうで、他者をもてなそうとしてくれる姿に感激しました（資料5-16～18）。

　子どもたちが作った世界を保護者にも見てもらいたいという思いから、後日、子どもたちが制作した動物を作品展示会にて展示しました。密を避けるために、保護者には分散して来園してもらいました。案内役は、すべて子どもたちです。保護者も大変喜んでいたことはいうまでもありません。

（4）乳児遠足

　乳児の遠足は毎年上野動物園に行っていましたが、2020年度は園内動物園、2021年度はクラスごとの実施へと変更しました。行き先は近所の公園です。遠足ということで、凧揚げやシャボン玉、しっぽ取りゲームなど、各クラスで考えた子どもたちが楽しめるイベントも用意して出か

資料5-19
乳児遠足（公園）で凧揚げを楽しむ子どもたち

けました。そして、後ほど紹介する「参観month（月間）」を実施した際に、保護者から「園での姿が見られて嬉しかった」という声が多く届いていたので、急遽、希望する保護者は公園に来ることができるようにしました。感染者数が激減している時期でしたが、コロナ禍が完全に終息しているわけではないため、交流という形はとらず少し離れたところから参観していただきました。それでも、保護者は子どもたちの様子を見ることができてとても嬉しそうでした。子どもたちのなかには保護者の姿に気づいた子もいましたが、遠足を満喫していました（資料5-19）。

（5）幼児遠足

　2021年度の幼児遠足は、3クラス合同で行くことにしました。クラスごとに行って保護者も参観できる形を検討していましたが、子どもたち同士のつながりが深まっている最中だったので、3クラス合同で実施する代わりに保護者の参観はなしという形になりました。手紙でその意図を保護者に伝えたところ、家庭からも理解が得られました。当日は、園から歩いて30分ほどの遊具のある公園に行き、子どもたちは体を思う存分動かして楽しみました。手洗いが万全にできる環境ではなかったため、外でお弁当を食べる代わりに、園内に大きなシートを引き、園に帰ってから遠足スペシャルメニュー（新米おにぎり、豚汁）をみんなで食べました。子どもたちは思いっきり遊び、みんなでおにぎりをほおばっ

資料 5‐20　幼児遠足①

資料 5‐21　幼児遠足②

て、本当に満足そうにしていました（資料 5‐20、 5‐21）。

(6) 参観month（月間）

　通常の保育参観では、保護者が保育室に入り、子どもたちが園でどのような生活をしているかを見てもらいます。2021 年度も人数を制限して例年どおりの形で実施を予定していましたが、感染状況の悪化により、別のアプローチで園のことを知ってもらおうと考えました。「参観month」は、2021 年 6 月に、オンラインを活用しながら 1 か月にわたり開催しました。

　0 歳児クラス以外の 5 クラスは「お散歩参観」を実施しました。いつも散歩に行く公園で、子どもたちが楽しそうに遊ぶ様子を、少し離れたところで保護者に見てもらいました。また、写真・動画配信サービスを活用した「動画参観」も行いました。 1 週目は朝の会と自由遊び、 2 週目は給食と午睡、3 週目は帰りの会というように、週ごとに参観するテーマを変更し、毎週 1 、 2 本のペースで動画を配信しました。

　保護者が一方的に見るだけのものではなく、保護者も一緒に参加して楽しめるものにしたいと考えました。そこで 1 か月間、子どもたちが園で過ごす姿を見た保護者に、子どもへのメッセージカードを書いてもら

うようにお願いし、クラスによっては子どもと一緒にメッセージカード
も作ってもらいました。メッセージカードは園内の壁に飾り、飾った様
子も動画に撮って配信しました。「参観month」後の保護者アンケート
では、「現在の園の様子や子どもたちの楽しそうな姿を見られて良かっ
た」「こういう機会をもっと増やしてほしい」など、好意的なコメント
が数多く寄せられました。こうした保護者からの声からも保育の可視化
が成功したことを実感しました。

(7) お祭りごっこ

　2021年8月、4回目の緊急事態宣言下でお祭りごっこを行いました。
全クラス合同のお祭りごっこは感染リスクが高まると判断し、園内動物
園同様、クラスごとに開催することにしました。コロナ禍のため、各地
でお祭りが中止になり、お祭りをあまり経験したことがない子どもも
いましたが、いろいろな動画や写真を職員と一緒に見ながら、楽しいアイ
デアをたくさん出し合いました。

　お祭りの写真や色鮮やかなお面を園内の壁に貼り、クレープ屋さんを
担当するのは0歳児クラスです。1歳児クラスはスイカ割りとヨーヨー
釣り、2歳児は金魚すくいを模した魚釣りゲーム。3歳児はりんご飴や
チョコバナナ、わたあめなどを作り、4歳児は金魚すくいとアイス屋さ
ん、5歳児はストラックアウト（野球のストライクゾーンに見立てた9
枚のボードを撃ち抜くゲーム）と食べ物の何でも屋さん、を行うことに
なりました。

　準備を進めるうちに、お店屋さんでお金のやり取りをしたいと思うよ
うになりました。ただ、感染症対策の観点から言うと、紙で作ったお金
を多くの人が触るのは望ましくないと判断しました。そこで、紙のお金
にラミネート加工を施して、こまめに消毒することになりました。する

資料5-22
交通系ICカードを模した「Hugca（ハグカ）」

と今度は、「3歳児以下はお金のやり取りに慣れていないので、ほかに良い手段はないか」という意見が出たので、お金の代わりに、もともと日常の保育で使用していたJR東日本の「Suica（スイカ）」ならぬ「Hugca（ハグカ）」を活用することにしました（資料5-22）。当日は実際の交通系ICカードのように大活躍しました。

　クライマックスは、みんなで制作したおみこしです。3歳児と4歳児は、「コロナの終息」と「みんなが笑顔で元気に過ごせますように」という願いを込め、「わっしょい」というかけ声とともに、2基のおみこしを担いで園内を回りました。5歳児だけは、町会長をはじめ、近隣住民の皆さんにあらかじめ了承を得てから、町中を練り歩きました（資料5-23）。おみこしを担いで園の外に出た瞬間、近隣住民の皆さんから一斉に拍手が湧き、一緒に「わっしょい」と言ってくれました。

　子どもたちはもちろ

資料5-23
おみこしを担いで町内を練り歩く様子

ん、職員にとっても忘れられない1日となりました。みんなの笑顔があ
ふれる幸せなひとときを過ごし、涙ぐむ職員もいたほどです。実際の距
離は離れていましたが、近隣住民の皆さんとの心の距離がぐっと縮まっ
たと感じました。コロナ禍でも地域とのつながりを大切にして、地域を
巻き込む行事を行うことは大きな目標でした。お祭りごっこを通して、
その目標に向かって一歩前進することができたと思います。

(8) 運動会

　2020年度の運動会は、止むを得ず動画配信での開催となりました。
この当時は、まだ現在導入している写真・動画配信サービスの導入前で
あったため、保育ICTシステムの機能を活用しました。そのため、画
像が粗く、短い動画にはなってしまいましたが、職員間で試行錯誤して
何とか動画配信を実現することができました。職員で役割分担して写真
もたくさん撮り、写真についても家庭に共有しました（資料5-24）。

　2021年度の運動会は、10月に開催されました。8月の早い段階で、
例年どおり区の体育館で実施すること、保護者2人までの参観を目標に
していることを各家庭には伝えてありました。ただ、9月になっても東
京の4回目の緊急事態宣
言が解除されておらず、
いつ感染状況が変わって
もおかしくない状況でし
た。最悪の場合は動画配
信のみになることも想定
して、準備をスタートし
ました。運動会を体育館
で開催することがベスト

資料5-24　動画と写真を配信した運動会

な選択なのか、職員間で何度も話し合いましたが、答えは出ませんでした。結論を引き伸ばすほど、保護者に迷惑をかけることになります。そこで、緊急事態宣言が明ける９月中旬までに園の方針を決めることにし、保護者にもそのように伝えました。子どもの育ちを考えると、運動会を開催する方向で進めていきたいと考えていました。しかし、不安を感じる保護者や職員の心を置き去りにしたまま開催をしても、感染症対策を徹底するがために子どもたちや保護者の行動を制限ばかりしても、運動会が成功したとは言えないのではないかと思うに至ったのです。どうしたらみんなが笑顔で終われるのか、様々なシミュレーションをしながら最善策を探りました。

　最終的には、緊急事態宣言は延長されましたが、クラスごとに体育館で行うことになりました。保護者の参観は２人から１人に減らしましたが、最後の運動会となる５歳児クラスだけは両親２人の参観を可能としました。本来ならば、職員全員で運動会を盛り上げたい想いではありましたが、体育館での密を避けるために、職員の人数も減らしての開催としました。乳児であっても感染した場合、重症化するという報道を目にするようになったため、まだ体の小さい０歳児と１歳児は園内での開催とし、保護者の参観は見合わせてもらうことにしました。また、当日の様子は後日動画配信することにしました。保護者には園の方針を伝えるとともに、直前に変更したことをお詫びしました。そのうえでご協力をお願いしたところ、多くの保護者から「園の判断にお任せします」「どんな形であれ子どもの成長を見られるのは嬉しい」と言ってもらえました。

　当日はクラスごとの入れ替え制で行い、入場の際に保護者には、２週間前からの健康状態を「運動会に向けての健康観察表」（資料５−25）に記入してもらい提出してもらいました。また、事前に職員間で感染症対策の役割分担を細かく決めておき、密にならない工夫も徹底しました。

資料5-25　運動会に向けての健康観察表（保護者向け）

運動会にむけての　健康観察表　　平熱（　　）℃ 氏名

月日・曜日	体温	健康状態				
		咽頭痛	咳	鼻水・鼻閉	倦怠感	その他（味覚障害など）
9月20日(月)	℃	あり・なし	あり・なし	あり・なし	あり・なし	
9月21日(火)	℃	あり・なし	あり・なし	あり・なし	あり・なし	
9月22日(水)	℃	あり・なし	あり・なし	あり・なし	あり・なし	
9月23日(木)	℃	あり・なし	あり・なし	あり・なし	あり・なし	
9月24日(金)	℃	あり・なし	あり・なし	あり・なし	あり・なし	
9月25日(土)	℃	あり・なし	あり・なし	あり・なし	あり・なし	
9月26日(日)	℃	あり・なし	あり・なし	あり・なし	あり・なし	
9月27日(月)	℃	あり・なし	あり・なし	あり・なし	あり・なし	
9月28日(火)	℃	あり・なし	あり・なし	あり・なし	あり・なし	
9月29日(水)	℃	あり・なし	あり・なし	あり・なし	あり・なし	
9月30日(木)	℃	あり・なし	あり・なし	あり・なし	あり・なし	
10月1日(金)	℃	あり・なし	あり・なし	あり・なし	あり・なし	
10月2日(土)	℃	あり・なし	あり・なし	あり・なし	あり・なし	

運動会にむけて保護者の方の検温をお願いします。（朝の体温を測って下さい。）当日は1名の参加となっていますがご両親の検温をお願いします。（参観予定者が参加できなくなった時のため）当日体調に不安のある方は参加をお控え下さい。検温表は毎日の登園時、お便りばさみに挟んで職員へお渡しください。降園時、お便りばさみにてお返しします。ご協力をお願いいたします。

はぐはぐキッズこども園東上野

　親子で踊る親子遊戯は、床に目印をつけて、ソーシャルディスタンスを保ちながら踊ってもらいました。そのままの隊形で閉会式を行い、カメラマンが回って家族ごとに記念撮影をしました。

　2021年の運動会は、東京2020オリンピック・パラリンピックの開催年であったことから、園でもオリンピック・パラリンピック関連のものが一時ブームとなりました。そこで今年度の運動会は、オリンピックをテーマにすることにしました。保護者から希望者を募り、聖火を持って登場して聖火台に火を灯す演出に協力してもらいました（資料5-26）。子どもたちが入場する際は、実際のオリンピックの開会式でも使用された音楽を流しました。親子遊戯も「東京五輪音頭」で踊りました。この曲はオリンピック動画を見ていた子どもたちが選びました。

　0歳児と1歳児に関しては、保護者が参観できない代わりに別の形で参加してもらう方法を考えました。毎年、保護者には応援のうちわを制作してもらいますが、このうちわを持って子どもたちへの応援

資料5-26　保護者による聖火点灯

メッセージ動画に出演してもらい、配信をすることにしました。

(9)ハロウィンパーティー

　毎年、ハロウィンの時期は子どもたちに仮装をして登園してもらい、全クラスで集まりハロウィンパーティーを行っています。2021年度は、コロナ感染者が激減して緊急事態宣言も解除されていた10月に実施しました。例年のパーティーの内容は、法人本部から外国人の先生が来て、一緒に歌や踊りを楽しんだり、お遊戯をしたりしていました。その後は、町中を仮装して歩くというのが恒例でした。しかしながら、全園児が集まると密になってしまうため、2020年度からは感染症対策として乳児、幼児と二手に分かれて行うようになり、町中を歩くことは控えて園内で楽しむものに変更しました。

　2021年度も前年と同じように実施する予定でしたが、コロナ禍を乗り越えてきた職員に嬉しい変化が見られました。「毎年行っている英語の先生の出し物のほかに、職員も出し物をしたら子どもたちが喜ぶのではないか」「本物のお菓子の代わりに、色とりどりの折り紙で作ったお菓子を配ったらいいのではないか」と、子どもたちの喜ぶ姿を思い浮か

資料5-27　ハロウィンを楽しむ職員たち

べながら、楽しそうにアイデアを出す職員の姿がありました。準備を進めるうちに、「キャンディを入れるバッグがあったら盛り上がりそうなので作ってみませんか」という提案がありました。職員は熱心に制作を始め、フランケンやジャック・オー・ランタンの可愛らしいバッグが完成しました。さらに、「職員がプレゼントするのではなく、子どもたちが自由にバッグを作ることができたら、子どもたちはもっと楽しめるのではないか」という意見が出て、子どもたちが好きなパーツや道具を使って自由に制作できるようにコーナーを設置しました。バッグの紐は、職員がビニル紐を三つ編みにして作成しました。すると、子どもたちからも「作ってみたい」という声が上がり、子どもも一緒に作業するようになりました。園のみんなでパーティーをつくり上げるという雰囲気が高まり、本当によい時間が流れました。そんな中、「いつも温かく見守ってもらっている地域住民の皆さんとも一緒に楽しむことはできないだろうか」と子どもたちや職員に相談したところ、「手紙を書こう」「仮装したまま行って驚かせよう」「キャンディバッグをプレゼントしよう」など、アイデアが広がっていきました。子どもたちが協力して作ったキャンディバッグ

を持って、地域住民の皆さんにあらかじめ了承を得に行くと、お祭りごっこのおみこしのときと同様、とても楽しみに待っていてくれました。

資料5-28
ハロウィンイベントで地域住民と触れ合う様子

　当日のハロウィンパーティーは、大成功となりました。朝から仮装をした職員が子どもたちを出迎え、職員もワクワクしている様子が見られました（資料5-27）。子どもたち以上に楽しみました。クライマックスには、0〜5歳児までのクラスごとに分かれてご近所巡りをしました。「トリック・オア・トリート！」と子どもたちが驚かすと、町会長さんをはじめご近所の皆さんが、キャンディバッグから取り出した折り紙のキャンディをクラスごとに渡してくれました。最後は、5歳児から「いつもありがとうございます」という感謝の思いが詰まった手紙をプレゼントしました（資料5-28）。短時間の関わりではありましたが、地域住民の皆さんと交流でき、心が温かくなった1日でした。近所の韓国料理屋さんでは、その後もキャンディーバッグをお店の窓に飾ってくれていました。子どもたちは散歩の際に通りがかるたび、「飾ってくれているね！」と嬉しそうに眺める姿が見られました。

（10）お米屋さんとの交流

　コロナ禍の前には、5歳児の子どもたちが購入したい新米の銘柄を決めて近所のお米屋さんまで買いに行き、その後、おにぎりをみんなで作って食べるというイベントを実施していました。コロナ禍以降は、お米屋

さんに入店できるのは2名までという人数制限もあり、みんなで行くのが難しい状況にありました。そこで、子どもたちが新米の銘柄を選び、施設長と栄養士が代表してお米屋さんに買いに行くことに。その際に、購入しているところ、お米屋さんからお米の説明を受けているところ、精米の様子などを動画撮影して、後日、保育室にてみんなで観たり、脱穀、もみすり、精米の一連の作業を実際に体験する精米体験や、新米を食べたりするイベントに変更しました。

　2021年度はさらに、子どもたちからの質問を事前に動画撮影。それをオリジナルキャラクターの「オニギリズ」（資料5−29）に変身した主任と栄養士がお米屋さんに届けるという、グレードアップした形で開催することができました。子どもたちからの「お茶碗1杯には何粒のお米が入るの？」「お米屋さんのお米を全部買ったらいくらになる？」といった質問に対して、お米屋さんが一つひとつ丁寧に答えてくれましたが、その様子も動画に収めました。その動画を園内で観たときに、子どもたちからも職員からも「こんなに教えてもらったので何かお礼をしたい」という声が上がりました。そこで、次回のイベントの際に感謝の手紙を書いて、みんなで届けようという計画が生まれました。

　子どもたちが選んだ銘柄の新米は、おやつの時間におにぎりにして食べました。前年に続き、精米体験も行いました（資料5−30、5−31）。コロナ禍のなかでもお米屋さんと交流すること

資料5−29
主任と栄養士で結成された
「オニギリズ」

資料5-30
お米屋さんと動画でつながる様子

資料5-31
稲穂を眺める子どもたち

ができ、お米の大切さ、地域とのつながり、感謝の気持ちなど、多くのことを学ぶことができた機会となりました。

（11）生活発表会

　コロナ禍になって最初に開催された大きな行事が、2019年度の生活発表会です。この日のために劇やダンス、歌の練習をしてきた子どもたちのために、当初は区の大きなホールを貸し切って行う予定でした。区の事情もあり、大きなホールを使用できる最後の年でしたが、直前になってホールでの開催が難しい状況となり、場所を園内に変更しました。わずか1週間で内容を見直さなくてはならず、時間がないなか、職員一丸となって準備を進めました。

　クラス単位の発表会を一日5回開催することにして、参観できる保護者を両親のみに制限しました。保護者の動線と誘導係を事前に決めておき、当日は1クラス終わるごとに換気と消毒を徹底的に行いました。感染症対策と行事を両立させるノウハウが園にまだなく、時間的に大変厳しい状況でしたが、何とか無事に成功させることができました。変化が求められる度に、柔軟に対応しながら一つひとつやり遂げた経験は、どんな状況でも工夫次第で楽しめるという自信につながりました。翌2020年度の発表会は、2回目の緊急事態宣言中で感染者の増加が続い

ており、予断を許さない状況でした。そのため、新たにオンラインでの配信ができるように環境を整え、動画配信での開催となりました。この生活発表会から写真・動画配信サービスの導入と活用をスタートしました。

6 オンラインを活用しての保育

　コロナ禍になり、オンラインの活用が急速に進みました。感染拡大を防止するだけでなく、保育の可視化という点でもオンラインは大いに役立っています。オンラインの動画配信を取り入れる際、法人がもっとも留意したのはセキュリティ面でした。オンライン環境を整えるのが難しい家庭があることも考慮する必要がありました。

　様々な角度から検討した結果、2021年2月から写真・動画配信サービスを導入しています。パスワードを入力しないとログインできない仕組みになっているので、セキュリティは万全となっています。スマートフォンやタブレットからもアクセスすることができるため、保護者が利用しやすいことや保護者に行事への参加を控えてもらっていたこともあり、子どもたちの姿を鮮明な画像で配信できることが導入の決め手となりました。

　日常での子どもたちの素敵な瞬間を動画に収めて配信しようと園内で話し合って決めましたが、「子どもたち全員を撮らなくては」と身構えるうちに撮影の機会を逃すことが多くありました。園だよりや運営委員会では、子どもたちの自然な姿を撮ることを目的としていることから、毎回全員がきれいに映っていない場合があることを説明したところ、保護者からの理解を得ることができました。それ以降は、職員も気兼ねなく

動画撮影ができるようになりました。しかし、園を休んで動画に映れなかった子どもがいた場合には、後日その子どもの姿をとらえ、動画配信できるように職員間で意識しています。

　現在は、大きな行事、保護者が参観できない行事に関しては、できる限り動画配信をするようにしています。例えば、お祭りごっこの場合、その日のうちにダイジェスト版の動画を制作して配信し、数日後にクラスごとに編集した長めの動画を改めて配信するようにしています。運動会のときは人数制限を行っていたため、参観できない保護者に向けて、ほぼリアルタイムでリハーサル動画を配信していました。行事進行と動画撮影を同時に行うことや、その後の編集作業も含めて大変な面もありましたが、職員同士で協力し合い無事に成功させることができました。感染状況は刻々と変化するため、行事の準備がかなり進んだ段階で、内容を変更せざるを得ないこともありました。行事の当日に配信できないこともありますが、それでも動画配信という手段を得たことで、様々な状況に対応できる可能性が広がったと思います。

7　コロナ禍での保育のあり方

（1）看護師の立場から

　看護師としては、感染者を園から出してはいけないという思いが強く、どうしても安全で確実な方法を選びがちです。特に新型コロナウィルスの感染が拡大し始めた当初は、何が正しいかわかりませんでした。正しい情報を収集するのに必死になり、少しでもリスクがあることは中止しようという思いが強かったです。看護師として譲れないラインを守りつ

つ、子どもの育ちを考えて保育の質を落とさないためにはどうしたらいいのか。感染症対策をどう保育に落とし込むのか。それが自分のなかでずっと課題になっていました。その都度、感染症対策で必要なことと子どもの育ちを止めないために必要なことを施設長と話し合っています。時には議論が白熱することもありますが、話し合いの場を持つことがとても大切だと思っています。

　今後、より一層力を入れていきたいのが保健指導です。ラーニング・ストーリーの影響もあり、保健指導は子どもたちの主体性を尊重し、子どもたちに問いかけをして一緒に考えるスタンスで進めています。「砂場で遊んだ手を洗わなかったらどうなると思う？」と聞くと、子どもたちは真剣に考えて、様々な意見を出してくれます。前掲した事例（資料5-11）のHくんのように、絵本を使っての保健指導でも、手洗いの大切さを理解してその後は自主的に行う姿が見られます。低月齢の子どもたちも、手洗いできれいになった手を誇らしげに見せてくれます。このほかにも、クラスで「くしゃみや咳をしたときの飛沫はどのくらい飛ぶか」という保健指導を行いました（資料5-32）。この保健指導では、ビニル紐を使用して、実際に飛沫が飛ぶ距離を体感しました。子どもたちからは、「こんなに遠くまで飛ぶの？」との声が上がり、驚いている様子が見られました。「咳エチケットをしないとみんなにかかっちゃうね」という意見も聞かれました。

資料5-32　飛沫保健指導の様子

こうした子どもたちの姿には毎回感動の連続で、保育の現場で起こるすべてのことが学びにつながることを実感しています。今後も、保健計画は立てつつも、子どもが興味を持っているものに柔軟に合わせながら、子ども自身が自然と意識できる保健指導となるよう工夫していきたいと思います。

　保健指導とともに、感染症対策に関する情報をスピード感を持って園や保護者に伝えることも看護師の大事な役目です。情報が正しいことが大前提なので、区からの通達や厚生労働省、日本小児学会、全国保育園保健師看護師連絡会など、信頼できるリソースから情報を得るように心がけています。テレビやネットの情報には信憑性が低いものもあるため、情報を取捨選択する力を高める必要もあります。新型コロナウィルスに限らず、保育園はもともと感染症が流行しやすい環境です。コロナ禍で得た知識や経験、スキルは、コロナ禍が収束しても活かしていきたいです。

（2）施設長の立場から

　感染症対策の観点からは正しくても、子どもたちの行動が制限されすぎたり、職員が子どもたちを監視・管理したりするような状況は、絶対に望ましいことではありません。職員のモチベーションが下がり、子どもたちも園に来るのが楽しくなくなってしまいます。行事でも日々の活動でも、この状況下で最大限できる感染症対策を行いつつ、どうしたら子どもたちが最大限楽しめる環境がつくれるのか。衛生管理のプロである看護師に助言をもらいながら、みんなで話し合って決めています。

　話し合いの際に施設長として心がけているのは、自分のなかで解決策がある程度見えていたとしても、すぐに言葉にしないことです。職員に主体性がなければ、子どもたちの主体性も育ちません。何事もやるから

には責任が伴います。また、これはラーニング・ストーリーの精神に通じますが、「できる・できない」「正解・不正解」の価値基準で判断しない風土づくりを第一に考えています。現実を踏まえながら目の前の課題をどのように解決できるのか、職員一人ひとりが当事者意識を持って考えることが大切です。一人で考えても答えが出ないときは、他の職員に相談し、最終的にみんなが納得して１つのゴールに辿り着けることが理想です。そのため、職員から「いいですか、悪いですか」「正解・不正解」などを聞かれることがあった際は、「あなた自身はどう感じていますか？」と聞くようにしています。なぜなら、自分自身の考えをもとに相談できる風土が高められるからです。特に感染症対策に関しては、チェックリストを作ったり、一方的にルールを決めたりするだけでは、浸透させることは難しいと思います。保健指導でも、子どもたちが自分自身で考えて気づきが得られると、主体的に行動できるようになります。このことは職員にも共通することです。自分のなかでどんなにいいアイデアが浮かんでも、みんなに理解して実行してもらわなければ、意味がありません。

　職員同士では、できる限りお互いに対して、感謝の気持ちを伝え合う風土が醸成されつつあります。しかし、時には気持ちが前向きになれないこともあるでしょう。仕事にやりづらさを感じたり、モチベーションが下がったりすることもあるはずです。施設長の務めは、職員のそうした変化を見逃さないことや、前に進むために、ネガティブな感情も言葉にして伝えられるような環境をつくることです。また、前向きになれない原因はどこにあるのかを検証し、その原因を取り除くためにできることをみんなで考えていくことが肝要です。

　コロナ禍というのは確かに前代未聞の事態でした。ただ、子どもたちはこの先、今般のコロナ禍よりもっと甚大な災害・感染症に直面するか

もしれません。そのような時にいかに柔軟に対処できるのか、いかに前向きに乗り越えられるかが大切であり、そのあり方次第で、その後の子どもの人生が大きく変わってきます。物事を肯定的にとらえる力は、「生き抜く力」そのものです。子どもたちが「生き抜く力」を身につけられるように手助けをしていくことが、保育者の一番大切な役割だと思います。

　そして、子どもたちの「生き抜く力」を育むには、まずは周りの大人たちも一緒に「生き抜く力」を身につけていく必要があります。これは保育者に限りません。保護者はもちろん、地域住民の皆さんにもご協力をお願いしたいと思っています。

　今後もwithコロナは、続いていくことでしょう。この先、何が起こるかもわかりません。どんな困難な状況に置かれても、そのことを乗り越えていけるようなチーム力、発想力、そして、どんなときでも遊び心を忘れない保育現場を作っていくことが理想です。そのためには、私たち保育者も、子どもたちに負けないくらい成長し続けたいと思っています。また、保護者や地域住民の皆さんとともに、子どもたちの笑顔や自ら伸びゆく姿を、温かいまなざしで見守る保育を目指し続けたいと考えています。

第 6 章

BCP に基づく
保育所・幼稚園運営

災害・感染症への備えとして 考えるべきこと

　現在、筆者は東京都調布市・狛江市で保育所6園、認定こども園、学童保育所、子育て広場を運営している社会福祉法人の理事長を務めています。過去には、横浜市で幼稚園の理事長・園長として務めていましたが、その際に、新型コロナウィルスによる緊急事態宣言（学校休校）が発令されました。本章では、筆者自身が経験した事例を紹介します。

　園の運営者は「判断」を行い、「決定」し、「責任」を取ることが役割です。まず「判断」を行う時には、「そもそも何を考えるべきか」を考えることから始まるものです。今回、災害に関するテーマをいただいた際に、私たちが「そもそも何を考えるべきか」をBCPとして策定しておくプロセスが、とても有効であると考え、本章では、保育園・幼稚園におけるBCPの役割をお伝えさせていただきます。事実、この章を執筆中、新型コロナウィルス（オミクロン株）で休園を経験し、BCPに基づき対応を行いました。

BCP（Business Continuity Plan：業務継続計画）の必要性

　介護施設・事業所、障害者福祉サービス事業所等において、2024年よりBCPの策定が義務化されることになりました。この流れの中で、保育所・幼稚園においてもBCPの有用性を踏まえて、筆者の園ではBCPの策定を行っています。

　保育所・幼稚園においてBCPを策定する目的は、「園児・職員の安全確保」と「保育の継続・再開」にあります。この2つの目的のために、想

定される災害対策を紹介します。

　各園において作成の際には、厚生労働省のホームページ「社会福祉施設等における BCP 様式及び解説集」と「社会福祉施設・事業所における新型インフルエンザ等発生時の業務継続ガイドライン」を参考にしてください。何を、どうすべきかについて、こうした行政からの資料提供（通知、通達）は数多あります。そうしたものにしっかりと目を通し、有効に活用することをおすすめします。

　防災計画は、人命や財産を守る事が目的のものです。一方で、BCP は、人命を守るだけではなくて事業の継続・再開までを備えるものです。保育所は、福祉事業という役割に基づいて取り組まねばなりません。福祉とは、人の最低限の幸福を支えることとされており、社会的な援助を行うことは、相手（人）を主語に考え行動することが求められます。そのため、保育所は「自分たち」を主語に都合を考えて、できるできないを論じるのではなく、どのような状況でも相手（人）を支えるための事業継続を考えなければなりません。一方で、幼稚園の役割は、学校として教育目的に従い教育を施す場です。預かり保育の実施園も増え、保育所との社会的な役割の違いも薄くなってきましたが、教育の継続については、実施が安全に・適切に行えるかを判断基準において行えば良いと考えられます。そのため、災害時における判断と決定にも違いが生じます。

3　台風への備え

　2019 年 10 月 12 日の令和元年東日本台風は、保育園の所在する東京都調布市において甚大な災害をもたらしました。近くに流れる多摩川が氾濫し、一部地域では避難勧告（避難勧告は令和 3 年 5 月に廃止、避難

指示に一本化）が発令され、避難所に多くの人が避難する事態となりました。その前月の９月８日にも台風の影響で保育園の園庭の桐が倒木するなどの被害がありました。この時の経験を元に、筆者たちの取組について紹介します。

（1）台風に対する予測準備と実際

他の災害に比べると台風による災害については、事前に危険予測をすることが可能です。そのため、保育所では、2019年９月８日（日）の台風に対して、６日（金）17時に保護者宛に一斉メールの配信を行いました。

『保護者宛の一斉メール（2019年９月８日 台風15号）』
台風15号の関東地方への接近に伴い、８日遅くから９日にかけて、大雨・暴風となるおそれがあるとの予報です。
９日（月）は市外の学校で休校になっているところもあります。
園は開いておりますが、登園の際には気を付けてお越しください。

行政と保育所では下記のように連携を行いました。

１　対応方針
当日の保育については、事前に保護者に対して自宅で過ごすことへの協力を呼びかける。利用希望人数を確認し実施を行うとともに、当日の利用希望者がいない場合であっても、緊急な保育要望に対応するため午前11時までは開園する。全児童の降園が確認できた場合に休園とする。
２　保護者への通知
行政が通知文を作成し、園から保護者に通知し登園の有無を確認する。
３　当日の対応
午前11時時点の登園状況を保育課に報告し、全児童が降園して閉園準備ができた段階で保育課へ電話連絡を行う。

一方で、幼稚園においては公共交通機関の乱れもあり、登園について

は自由登園としました。園バスについても、安全を考慮して運行を取りやめました。幼稚園の保護者は保育所保護者に比べて必ずしも仕事を持っている訳ではないので協力を得やすい状況にはあります。ただし、幼稚園と保育所の違いにおいては、幼稚園は学校教育法施行規則及び幼稚園教育要領に基づき教育週数（年間39週）の目安があり、休園する場合には教育日数を把握することが必要です。また、運営していた幼稚園では、卒園式での皆勤賞・精勤賞の表彰を目標に取り組んでいる園児もいることから、保育所と違い、休園となった際の扱いを保護者に伝える必要がありました。そのような事に、保育所と幼稚園の文化の違いを強く感じました。

（2）想定外だった倒木

　事前対策として、園舎内の物が飛ばされないように備品の室内搬入や遊具の管理などを行い、公共交通機関を利用しない職員を中心としたシフト調整などを行いました。しかしながら、複数の園で木が倒れる想定外の事態がありました。中でも、園庭の桐の木が隣家に倒れて、駐車していた車に傷をつけてしまいました。隣家の方には、台風が理由であるためご容赦いただけたものの、被害の原因が自然災害の不可抗力によるものだったため、損害保険で補償ができず自費での補償を行うこととなりました（BCP：資金リスク）。

資料6-1　保育園での倒木

（3）近隣（避難先）との関係づくり

　この台風の際には、多摩川が氾濫し周辺地域では洪水が起こりました。全壊、半壊、床上浸水など多くの被害があり、都内では7万6,235人が避難所に避難を強いられました。園の近くにある支流の川も氾濫寸前まで水嵩が増し、川沿いの借上社宅のマンションに住む職員を筆者も避難所まで送り届けました。この際に感じたことは、避難所に園児を引率して避難をする場合、日頃から地域との関係性を構築しておかなければならないということです。広域避難場所などへの避難訓練を行っていますが、実際には様々な年齢層の方や事情の方々とお互いに助けあって避難所で過ごさなければなりません。他の園や学校からも避難してきます。避難所で時間を過ごすことを想定した場合、日頃から地域の方と顔見知りになって、関係性を深めておくことが大事だと感じました。洪水ハザードマップなども川の流域にある自治体は作成されていることと思います。こうしたものも常に目に見えるところに掲示し、活用してください。

資料6-2　幼稚園での倒木

資料6-3　ハザードマップ

（出典）調布市

158

資料6-4　園付近の様子①

資料6-5　園付近の様子②

4　地震への備え

(1) 東日本大震災の教訓

　2011 年 3 月 11 日の東日本大震災から 10 年以上が経過しました。毎年、新卒の保育者が入社し、東日本大震災の当日を保育者として被災経験をした在職者は少なくなっています。また、震災当時に子どもを園に預けていた保護者も皆無に近いため、もし、大地震が起きた場合に、どのようなリスクがあるのかというイメージの共有が難しく感じます。身をもって経験した者が、見通しをもった対策を講じて伝えていくことが大変重要だと考えます。他章でも、東日本大震災からの教訓は述べていますが、東京で筆者が経験したことを思い起こし、お伝えします。

(2) 職員の家族の安否

　東日本大震災の際、筆者はビル 8 階にある法人事務所にいました。高層階にあった事もあり、揺れは余計に大きく感じ、裏手にある川の水面には大きな波形が広がり続けていました。余震も続く中、脳裏をよぎる

のは、園の状況だけではなく、自分自身の家族の安否についてでした。この時の経験から、保育者が災害時に業務に取り組むためには、職員自身の家族安否まで目を配らせておかねばと認識しました。

（3）指示命令系統の明確化が大切

東日本大震災は、地震の発生時刻が14時46分と乳児が午睡を終える時間帯だったこともあり、園児・職員は全員園舎にいた事が比較的危険の回避に繋がりました。もし、午前中に地震が起こり、お散歩などを行っていたら、様々な危険が発生していた事と思います。また、土曜日保育などの出勤者が限られている場合にも不安がつきまといます。先に述べた台風での災害と違い、地震はいつ起こるか事前に予測がつきません。そのため、運営責任者として、地震発生時にどの職員に対しても自分自身がどのように動くかを事前に明確にしておくことが大切です。土曜日保育の運営体制（責任者の指名、指示命令系統の確認）については主任が毎週シフト確認を行い、法人内に木曜日に報告・共有しています。ルール化して、何の目的（対策）のために行っているのかを見える化することが大切です。

（4）帰宅困難児（保護者がお迎えに来られない児童）への対応

震災当日、東京では交通機関がストップし、帰宅困難者が溢れました。筆者の運営する保育所でも、保護者のお迎えが深夜になり最終降園は午前3時を過ぎていました。内閣府による「帰宅困難者対策の実態調査結果について～3月11日の対応とその後の取組」（http://www.bousai.go.jp/jishin/syuto/kitaku/2/pdf/4.pdf）のレポートに詳しい状況が書かれているので、ぜひ参考にしてください。

このレポートの記載では、学校・会社にいた人の約半数の人が17時

台には学校・会社を離れていました。一方で、当日に帰宅できなかった約28.4％の人が11日のうちに帰宅できなかった実態があります。推計人数として、地震発生時に東京都にいた約40％にあたる約352万人が帰宅困難者とされています。実際に多くの人が徒歩でお迎えに向かって来られたものの、遠方の職場の方は鉄道などの交通機関が止まっていたため、お迎えに来ることが出来なかった状況があります。

　また、そのような災害の発生時でさえ、ごく一部の保護者は、他人事のようにとらえ、園の状況のご理解やご協力をいただけませんでした。職員に心理的な不安とストレスがある中で、事業を安全に継続して実施するためには、様々な状況や最悪な条件を想定してBCPを策定する必要があります。数時間、数日の園児のお預かりもあり得る事態を想定して、備蓄やインフラの確保などの項目をBCPの策定の中でチェックし準備することです。

5　新型コロナウィルスへの備え

（1）不要不急に対する温度差

　新型コロナウィルスにおいては、様々な場面で保護者自身の解釈や保護者の強い要望を園が受けることがあると思います。筆者は休園といった事態が発生することを防ぐために、職員は公私に亘って感染対策を行って取り組むものの、その危機感が伝わらない保護者もいらっしゃいます。新型コロナウィルスはリスクが高いと感じる方もいますし、全く気にする必要がないと主張する保護者もおり、保護者のとらえ方は一様ではありません。また、園児や保護者がPCRの検査を受けた際に情報

共有をするルールになっていても、連絡をいただけないケースもあります。そうしたリスクを前提に、予防対策（セーフティマネジメント）とともに、どれだけ対策を行っても防ぎ切れないという前提（リスクマネジメント）の両面で対策を講じる必要があります。

（2）職員への配慮（コロナ禍等の対応）

　新型コロナウィルスへの対策では、不要不急の外出を極力避けて感染予防に努めてきました。保育所での感染症対策の方法については、別章で述べられていますが、ここでは、職員の勤務体制への配慮について紹介します。

　都内にある筆者の保育所には、行政から補助を受けて借上社宅制度を利用した一人暮らしの職員が多数在籍しています。そうした職員にとっては、生活においても不自由や不安を一層強く感じるものです。感染した場合には、法人・園長が親代わりになってサポートする旨を伝えました。学校休校などを伴う緊急事態宣言が発令された際には、他の業種で働く方と同様に、子を持つ職員にとっては学校休校や塾等の習い事の自粛などで働きづらい環境となりました。保育所は職員の配置基準もありすべての職員を在宅勤務に移行する訳にもいかず、登園人数に応じて優先順位を決めて、特別有給付与もしくは在宅勤務の指示を行いました。

　　優先順位1　　子を持つ職員

　　優先順位2　　電車・バス等の公共機関を利用する職員

　　優先順位3　　非常勤職員

　職員は在宅勤務となった期間中、オンライン保育研修やおもちゃコンサルタントの資格取得に励み、知識の習得やスキルアップに時間を充てることとしました。緊急事態宣言が発令された直後の2020年4月7日にはオンライン研修の申し込み手続を完了させて、すぐに受講を開始す

ることができました。利用したオンライン研修は、受講の進捗状況を動画視聴履歴で把握でき、おもちゃコンサルタントの資格取得は、レポート提出を伴うものであったので、こちらも在宅勤務として認めることができました。

　一方で、幼稚園においては、学校休校が国によって発令された期間は小学校の対応に足並みを揃えました。また、行事などの実施の判断についても、隣接する小学校の対応を踏まえて、同様の実施方法としました。保育所においては、ある程度、行政の指示のもとに足並みを揃えて対応することで、保護者への説明にとってはありがたいところでした。幼稚園においては、何を判断基準に決定を行ったかが保護者への説明に必要でした。

　幼稚園は、子どもにとって初めての学校生活であります。当時の卒園式の実施方法については、休園措置中に園庭で行いましたが、突然の緊急事態宣言で保護者にとっては思い描いていたものと違う形になりました。当時、「新型インフルエンザ等発生時における業務継続計画」が厚生労働省から示されている時期ではなく、自分自身で判断軸を考える段階でした。

（3）新型コロナウィルス（オミクロン株）による休園を経験

　長らく保護者の協力と園での感染対策が功を奏し、新型コロナウィルスの感染予防に成功してきました。しかしながら、変異株（オミクロン株）による感染拡大によって、休園せざるを得なくなりました。時系列とともに、経験したことを紹介します。

＜木曜日＞検温・発熱　病院へ
　運営園では、自宅での検温とともに、朝の出勤時に全職員が検温を行っ

ている。7：45に出勤した職員がスタッフルームで検温を行ったところ、37.7度の熱とのどに違和感があったため、別室で窓をあけて換気を行いながら待機し、園長経由で筆者宛に報告があった。すぐに病院での受診を指示し、該当職員は8：10に退勤をした。そのまま、病院で受診をしPCR検査を受ける。

＜金曜日＞PCR結果

　PCRの結果を待ち自宅待機を行う。夕方、陽性の連絡があり、保健所から本人及び園への聞き取り調査があり、保健所HPに掲載されている報告書類の提出を行った。当該職員は一人暮らしであったため、後日、療養施設で過ごすこととなった。

［提出書類］

・職員の行動履歴（発熱前の勤務（保育）状況）

・在籍職員の職員の出勤状況

・在園児の登園状況

・園内の消毒状況

・園の平面図

　保育課には保健所からの指示を報告し、濃厚接触者の特定等が完了するまで該当園は全面休園となる。保育課長名で文書を作成いただき、休園の告知を一斉配信メールで行うとともに、全保護者へ送迎対応事に口頭説明とともに帰宅家庭へは全家庭に電話連絡を行う。

　また、職員には休園後の再開までは自宅待機の旨を伝え、罹患職員は真面目な性格で罹患に責任を感じてしまうことが懸念されたため、新型コロナウィルス（オミクロン株）への感染は誰にでも起こり得ることだと伝え、外出ができない生活（一人暮らし）に不安がないか困っていることはないか等を電話で確認を行った。

＜土曜日＞濃厚接触者の特定

　保健所より濃厚接触者の該当者なしとの判定を受ける。市役所へ代表電話を通じて、濃厚接触者の該当がない旨を保育課に伝え、保育再開についての判断について翌日に回答をいただく旨を確認する。保護者へは一斉配信メールにて、「濃厚接触者の該当者なし」「保育再開について明日連絡」の２点を取り急ぎ連絡を行う。罹患職員にも、濃厚接触者の該当なしを伝える。

＜日曜日＞保護者への通知

　午前中のうちに、保育課より保護者宛の保育再開についての文書案がメールで届く。確認のうえで、保育課へメールを確認した旨を電話で伝え、一斉配信で保護者に伝達を行う。あわせて個別に電話にて翌日月曜日からの保育再開を伝える。職員にも通常勤務に戻る旨を連絡し、罹患職員にも再開できる旨を伝える。

＜月曜日＞通常保育の再開

　保護者の方々からは、温かいお言葉をいただき保育を再開できた。

　保健所からの電話では、園での毎日の確実な対応が、濃厚接触者にあたるかの基準となっています。換気の方法、職員一人ひとりの消毒頻度、黙食（大人・子ども）、マスクの着用、おもちゃ消毒の方法、掃除の仕方（使用の消毒液）、過度な子どもとのスキンシップ、共有物（電話・PCなど）の消毒など、こと細かに聞き取りがありました。この流れの中で、保育課が休日に対応をいただけたこと、そして、保育課長名での文書発信を行っていただいたことは大変ありがたいことでした。

　また、BCPの対応を行いつつ、法人として心がけたことは、以下の

ことでした。

【対保護者】

できる限り早く情報を提供すること（園児が濃厚接触に該当するか、保育再開の見通しを伝えること）

【対職員】

濃厚接触者の特定期間でもあり、休園時の過ごし方に注意喚起すること

【対罹患職員】

罹患したことに対して責任を感じさせないこと

　休園措置となったことは、保護者に対して大変心苦しかったものの、この経験を今後の対応として活かすように、保健所への提出書類のフォーマットを法人の全園に共有するとともに、具体的な対策のミーティングを行いました。

(4)「新型インフルエンザ等発生時における業務継続計画」が活かせたこと

　BCPの雛形には、発生段階ごとの被害想定や対応事項が示されていたため、次の準備を行うことができました。

【業務手順の変更】

・市内他園で調理員の罹患による休園事例があり、給食を外部搬入としたとの情報があった。BCP策定により給食提供ができなくなった場合の対策を行った。

【公共交通機関による来所禁止】

・極力、公共交通機関の利用を制限した。職員には、通常禁止している自家乗用車の利用を推奨し、駐車場代などの支給を行うこととした。

【ヒトのやりくり】

・職員でのクラスターや濃厚接触による出勤制限があった場合など、人

手不足が発生した時のためにOGへ出勤を依頼・手配した。

・配慮の必要な職員(妊娠中)に勤務体制への変更希望をヒアリングした。

　今回の新型コロナウイルス(オミクロン株)による休園によって、改めてBCPを策定しておくことの有効性を実感しました。BCPを策定することによって、「具体的に、いつ、何を、どのようにやるべきか」を考えることができ、漏れのない対策を心がけることができます。

6 日常の対策

(1) 災害に対しての不安は何か？

　災害の際に行うことは、BCPで定める「園児・職員の安全確保」と「保育の継続・再開」の2点になります。災害・危機対応については、対応に時間的猶予があることと突発的なことで対策は異なります。

　①時間的猶予がある災害：台風、雪害、新型コロナウイルスなど

　②時間的猶予のない災害：地震・津波、不審者対応など

　対応に時間的猶予がある災害については、「保育の継続・再開」をどのように行うかに重点が置かれます。台風や雪害に対しては、天気予報などで予見ができますし、また、新型コロナウイルス等の疾病災害については手順の検討ができます。

　①対応に時間的猶予がある災害

　　責任をとることができる者が、判断・決定を行える。

　②対応に時間的猶予がない災害

　　誰が「判断」「決断」を行って「行動」するかが課題である。

　それぞれ、「判断を行う」ハードル、「決断する」ハードル、「行動に移す」

ハードルがあります。BCPは判断・決断を慌てることなく手順に沿って動けるようにするために、あらかじめ策定するものです。そして実際に行動に移せるようにするために訓練を行います。避難訓練、消防訓練、不審者対応など、園では様々な訓練が行われていますが、「判断（BCP）」「決断」「行動（訓練）」を一連の流れとして理解し、取り組むことで意味のある「訓練」につながります。私たちは、知識として頭で分かっていても泡を食ってしまうことは往々にしてあります。例えば、園児が熱性けいれんを起こしたときに、初めての経験であれば保育者はその状況に慌てふためくことでしょう。尚更、震災が起こった場合には、どうして良いか混乱します。その不安をなくすために、事前に想定し、訓練を行いましょう。

（2）目に見えるところに対応策を掲示する

　実際の災害の発生時には、頭が真っ白になり思考停止になる懸念があります。そうなってしまう事も想定した対策が必要です。そこで、筆者の園では、以下の方法をとっています。

　・見えるところに手順を掲示しておく。

　・何度も目に入る場所に掲示しておく。

　居酒屋などのトイレの貼り紙を見かけたことにヒントを得て、緊急度は低くても重要だと思うことを園のトイレに掲示しています。

資料6-6　調布市防災マップの掲示

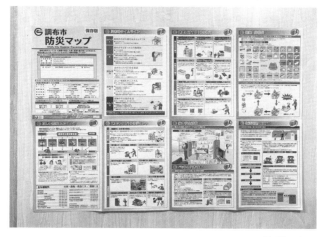

(出典)調布市

（3）緊急時の連絡方法（氏名証）

　保護者に対しては、送迎用の氏名証の裏面に緊急連絡先などを記載するようにして、常に携帯してもらうようにしています。東日本大震災の際には、携帯電話・固定電話ともにつながりにくい状況にありました。一方で、インターネットは使える状況でした。固定電話・携帯電話は、基地局や交換機への音声通信量が通常の50～60倍と非常に大きくなり負荷が大きく通信制限がかかりました。一方で、メールやインターネットはパケット（小包）通信で送信されるため負荷が少なく繋がりやすかったようです。このことから、保護者にご案内している緊急用の携帯電話が繋がらないことも想定して、保護者や関係者との連絡を取る必要性を学びました。具体的には、災害用伝言ダイヤル（171）や一斉配信メールの活用です。

　必要なことは、災害時にはそうした方法で連絡がされることが保護者に認識されることです。入園時の重要事項説明書（入園のしおり）には、

災害対応なども記載していますが、いざ、災害発生時にはどこが広域避難場所で、どのように情報を発信されているのかを把握してもらう必要があります。そのことを、「見える化」する工夫が必要です。

　保護者は「氏名証」を携帯して園児の送迎を行うこととなっていますが、その「氏名証」裏側に災害時の連絡方法（緊急用伝言ダイヤル171）を記載しています。

7 BCPの策定がいざというときの助けになる

　災害を経験しないことが一番ですが、私たちにコントロールができない事柄です。私たちができることは、コントロールができる中で最善の準備と対応を行うことです。

　東日本大震災や新型コロナウィルスなどの経験を、次の災害に向けた対策に活かす必要があります。その対策が、園ごとに当事者となる人で作成するBCPだと思います。

　筆者は園運営の責任者として、災害発生時にどのように振る舞うかを職員・保護者から見られているという意識で取り組んでいます。最善の判断と決定を行い、責任を担うピンチの時のリーダーとして、BCPを事前に策定しておくことが助けとなると思います。

参考資料
・社会福祉施設等におけるBCP様式および解説集　https://www.mhlw.go.jp/content/12200000/000651586.pdf
・社会福祉施設・事業所における新型インフルエンザ等発生時の業務継続ガイドライン　https://www.mhlw.go.jp/stf/seisakunitsuite/bunya/0000108629.html
・MS＆ADインターリスク総研株式会社『社会福祉施設等におけるBCP様式および解説集』(2020年)厚生労働省令和元年度生活困窮者就労準備支援事業費等補助金社会福祉施設等におけるBCPの有用性に関する調査研究事業、令和２年３月
・株式会社インターリスク総研『社会福祉施設・事業所における新型インフルエンザ等発生時の業務継続ガイドライン』(2015年)厚生労働省平成26年社会福祉推進事業、平成27年３月
・内閣府「帰宅困難者対策の実態調査結果について～３月11日の対応とその後の取組」首都直下地震帰宅困難者等対策協議会事務局、http://www.bousai.go.jp/jishin/syuto/kitaku/2/pdf/4.pdf（2022年１月20日閲覧）

第 7 章

関係的保育実践のススメ

～より良いコミュニティ形成にこそ、防災のヒントがある～

1 バケツリレーのできるコミュニティを目指して

　はじめに、筆者は小さな保育園を営んでいる実践者であり、防災の専門家ではありません。「人間とはなにか」という学問をここまで学んできたものであります。その筆者が今回防災のことを書いてくださいとのことでしたので、少し悩みましたが、筆者の知見の中で、防災と結びつけて考えてみたいと思います。

　まず災害といって筆者が頭に浮かぶのは、やはり東日本大震災です。地震発生時、筆者は保育園の中にいました。そして今までに体験したことの無い大きな揺れが発生し、慌ててニュースを見ると、東北沿岸に津波が押し寄せている衝撃的映像が飛び込んできたことは、今でも記憶に焼き付いています。その後、多くの人たちが親族や隣人をなくし、悲しみに暮れている姿をテレビから見た時に、深い悲しみの感情が沸いたと同時に、自身の無力さを感じたことを憶えています。2013年に筆者は現地を訪れ、被災にあった方からお話しを聴かせていただく機会がありました。被災された方のお話しの中では、命を救えなかったことによる無念の話や、命を守ろうとして自分が津波に巻き込まれてしまった方の話などを聴かせていただきました。その中で筆者が一番印象的であったお話は、緊急時に人々が協働し、多くの方の命を守ったというエピソードでした。三陸にあるK保育園の園長先生の話によると、津波が来る前に、直観的に園児と保育者全員が山道を駆け上がり、高台まで上がったことで、みんなの命が救われたそうです。生死が関わる瞬間に、人々が協働し自分の命の危険性があったとしても他人を助けようとする。これは人間としての善さなのではないかと考えます。

　2018年に筆者がニュージーランドにて「The Natural Phenomena」

（https://www.facebook.com/The-Natural-Phenomena-Nature-Education-Conference-141035905909620/）という自然を活用した幼児教育のカンファレンスに参加した時のことです。オーストラリアの心理学者であるGrille氏の基調講演を拝聴しました。その講演の中で、彼は「緊急な事態が発生した際に、人は協働する力（エンパワーメント）が起生する。そして、その一番わかりやすい例が戦争である」と述べていました。

　上述、Grille氏のいう人間が絶体絶命の危機にさらされた時に人が協働するということは、戦争に限らず、人間の歴史から見てみるとホモ・サピエンスの先祖の時代（約40万年前）から同様のことが、起こっていることが、後になってわかりました。トマセロ（2013）によれば、氷河期の時代を生き残ってきたホモ・サピエンスの種族は、協働で狩猟し、狩猟で得た食料は周囲の親族以外の人にも分け与えて、飢えを凌いだと言われています。ちなみに、他の霊長類である猿を代表とする多くの種は、上位性すなわちボスから食べ始め、高順位のものから食べていきます。左記のことから、ホモ・サピエンスが生き残ってきた最大の武器が共感性であると述べています。

　この人間の本質的な「善さ」というものの1つが「協働」であるとすると、地域コミュニティを形成するうえでの重要な要素ではないかと推察します。しかし、もし筆者が住む横浜のニュータウンにて災害が起こったとしたら、地域住民が"バケツリレー"のような共同作業をおこなうことができるのでしょうか？結論からすれば、極めて困難だと思います。なぜなら、ニュータウンで起こっている社会的現象として、地域における"コミュニケーションが欠如している街"と言われているからです。ではいったいどうしたら災害が起こった際にその苦難を乗り越えることができるでしょうか。

そこで、筆者は地域コミュニティの関係性の構築が防災に関する重要な構成要素であると仮定し、この章では、「より良いコミュニティというものはどのようなものか」ということを考えてみることからはじめてみたいと思います。次に、そのコミュニティがどのように形成され、困難を乗り越えていけるのかということを、保育という実践や地域での実践例を考察しつつ、紐解いていきたいと思います。

2　関係から引き離された社会

　まず、社会的及び歴史的背景から遡ることで、本質的なニーズに近づけるのではないかということからスタートしてみたいと思います。筆者が子どもだった40年以上前、地域の小学生が路地や空き地や裏山にて、子ども同士がコミュニティを形成し遊んでいました。地域のおじちゃんやおばちゃんなどの顔も良く知っており、地域の交流が盛んな環境で生活をしていました。その後、生活環境が変容し、地域コミュニティとの関係性が年々薄くなっていきました。「名前も知らずに挨拶するのが隣人」という歌が社会現象となるまでとなり、今では都市部の生活において隣人を知らないのは当たり前のようになってしまいました。さらにその勢いは加速化し、他人とコミュニケーションを図らなくても情報が収集できる社会となりました。そのようなことが、保育園を営んでいると、如実にわかってしまいます。"自分の家族"や"自分の子ども"だけのことを最優先に考える「個人主義化」が一層強まり、ネグレクトや虐待の件数も年々増加し、保育園においても「子育て支援」ということが、保育の重要な役割の1つとなりました。そして、この「個人主義化」と女性の社会進出を応援する意義が重なり合い「保育サービス」という言葉

が生まれました。小学校での実践を「教育サービス」と言われたとすれば、その言葉に不満を感じる教師も少なくないと思います。しかし、保育園ではサービスと言われても致し方ないと思う事業者もおり、教育と保育の未だ埋まらない問題が後を引いているのではないかと思います。さらに、この「保育サービス」という観点は、1歳未満児からの入所や長時間保育を生み出す傾向となり、未就学の間の子どもと親のつながりも薄くなっています。保護者が「サービス」という観点から、自身にとって都合の良い要望を申し立てることも年々多くなってきています。結果、保護者からのクレームに対応をする時間ばかりが増加し、保護者の顔色をみながら保育をすることで、本来子どもと向き合う時間が搾取され、腰が引けるような実践となってしまうことが課題化されています。ここまでの経済成長から、バブル崩壊以降の「失われた40年」を通して、地域社会が崩壊し、コミュニケーションを喪失しかけている環境の中、私たちは"いったいどうしたらよいのでしょうか。"

　その答えを探るべく、喪失からの再生をとらえなおして、もう一度協働とは何かということを再考したいと思います。さらに、その協働を成就させるには、どのような要素が必要とされるのか、次節にてお伝えしたいと思います。

3　文化的地域コミュニティ

　上述のとおり、日本の地域コミュニティが壊れかけ始めた1970年代以前には、地域コミュニティの中で子育てをしていた文化が存在していました。地域社会では、共同保育や団地保育など、親同士が共同運営し、他人の子どものお世話をするようなコミュニティがありました。次に、

この子ども同士で遊んだり、近所のコミュニティの中で子どもが遊ぶということに関して少し考えてみたいと思います。そもそも、日本の歴史・文化の枠を超えて世界の子育てを見てみると、今の時代であっても、親子だけで子育てをしたり、同年齢の子どもたちだけで遊んだりしていることは極めて珍しいことです。中南米やアフリカやポリネシアの国では、複数の家族がコミュニティを形成し生活しており、子どもたちは異年齢の子どもたちと遊んでいることがごく普通なことです。さらに子どもたちは、親の仕事をしている場面を目にし、親の仕事を手伝うこともよくあるそうです（ロゴフ、2006）。このことから、世界の多くの国では、子どもも大人もその国の文化的コミュニティに参加しながら、成長・発達しているということが覗かれます。さらに本来の保育とコミュニティの関係について川田（2019）は、次のように述べています。

　「保育のなかのさまざまな関係（つながり）が育つことが重要です。子ども同士の関係が育つこと、親子や家族の関係が育つこと、保育者と子ども、保護者の関係が育つこと、保育者集団が育つこと。あるいは、子どもがかかわる環境との関係が育つこと、保育者がかかわる環境との関係が育つこと、そして、保護者が保育の環境にどう関係をもつようになっていくかも見逃せません。全体として、保育がいとなまれる「コミュニティ」としての発達（発展）があります。」

　川田は人と人とのつながりが重要であるとしています。次の節では、日本や海外において個人がコミュニティに参加し、さらにその個人やコミュニティも共に成長していくというような事例を紹介し、その構造からいくつかの傾向を抽出し、その実践の中における「善い」とされるものを探っていきたいと思います。

「沈没家族」という実践共同体

　１つ目の事例として、1990 年代半ば、様々な若者がひとつの"家"に寄り合い、子育てに奮闘した実践共同体保育「沈没家族」という映画（2019）を紹介したいと思います。東京都東中野にて、シングルマザーだったＨさんが子ども（この映画の監督）が１歳のときに、共同で子育てをしてくれる「保育人」を募集するためにビラをまき始めました。「いろいろな人と子どもを育てられたら、子どもも大人もたのしいんじゃないか」という彼女の考えのもと独身男性や幼い子を抱えた母親など 10 人ほどが参集し、共同保育が始まりました。保育士という専門性のある人は一人もおらず、母が夜間の専門学校や昼の仕事でＴくんの面倒をみる時間が取れない時に、当番制でＴくんの面倒をみていたそうです。さらにその１年半後には、近くに１戸建てアパート「沈没ハウス」に引っ越し、３組の母子と数人の若者と生活を共にしながら育児も分担し、さらにその輪はその周辺にまで広がり、居住者だけでなく多くの人が出入りする場所へとなっていったそうです。この「沈没家族」は、家族の新しいかたちとして、またストリートカルチャーのオルタナティブな生活実践として当時注目をあびていました（加納 2019）。ここでの面白いところは、結婚も子育てもしたことのない若者男性がこのコミュニティに参加し、保育をしていたことです。自分なりにその日のＴくんのことを保育ノートに記録していました。その当初若者であった方のインタビューがとても印象的でしたので紹介します。彼は、自身のことを「こんな自分でも役にたつのだ」と述べ、嬉しそうに語っていました。さらに、どんな人でも参加ができ、出入り自由な感覚が、"心地よかった"というようなことも述べていました。

もう一つ、その当時沈没家族の中で育った子どものTくんとMちゃんの対話シーンがありました。二人は、その当初のことを思い出し、恥ずかしげではありながら、他人である多くの家族的人たちと過ごした経験を両者共に「けっこう楽しかった」と語っていました。

　このことから、社会が「個人主義化」に進む中、沈没家族というコミュニティは、それぞれが自分たちなりに、そのコミュニティに参加をし、その関係の中でみんなが成長していったのではないかと考えます。

5　森のようちえんと共同保育

　次に「森のようちえん」と呼ばれる保育実践事例を紹介します。「森のようちえん」はデンマークの何人かのお母さんが野外で保育を始めたことが始まりと言われ、その後北欧やドイツなどで広がっていきました。日本では2008年に「森のようちえん全国ネットワーク連盟」という団体が発足され現在243団体が加盟しています［http://www.morinoyouchien.org］（2021年8月8日閲覧）。日本の「森のようちえん」の特徴は、中山間地や過疎地などの地方で発展を遂げ、その多くが親同士にて運営をする「共同保育」という形態であるとされています。なぜこのような現象が起こったかというと、地方創生による移住者促進政策から、これからのライフスタイルを考える若年層の家族が、緩やかに増加していることにあります。ある時、自然豊かな環境の中で、子育てを願い移住された人のお話しを何名かの方に聞かせていただく機会がありました。すると、ある共通する課題が浮かび上がってきました。それは移住先の集落の子どもたちの多くは、ゲームなどの室内傾向の遊びが中心で、外遊びをしている子どもが極めて少なかったという点です。あるお母さんの話では、自分

の子どもだけが、竹で作った弓矢を持って走り回っていたそうです。また、近隣の保育園、幼稚園は自身が理念に共感できる園がなく、左記状況の中で途方に暮れた親は、集落の外に目を向けだしたそうです。すると、同じような課題をもつ移住者がいることに気づき、そのような環境を脱するべく、協働して保育をし始めたという経緯があります。そしてこの移住者コミュニティの輪が広がり、参加する人が増え、共同保育を創設していったという経緯があります。この共同保育型森のようちえんは、「自然の中で子どもを育むことは善いことである」と思う人々がそのコミュニティに参加をし、その親や子どもと共に育ちあう場を形成し、協働することで、その地域の関係性が広がっていったと考えます。

⑥ 地域に根差す保育所

　次に地域コミュニティの事例として、大磯町にある筆者たちの園を紹介します。2015 年に神奈川県大磯町に認可小規模保育施設を開所することになりました。9 人定員（2021 年 4 月移転）の小さな保育所は大磯町の下町と呼ばれる古い商店街に面していました。商店街ではお店を運営する人たちも高齢化が進み、お店をたたむ人もでてきているほどの状況にありました。そのような商店街の一角に保育所を開所しました。ビルテナントの 1 階にある筆者たちの保育所は、園庭がないため毎日子どもたちと共に園外に出かけていきました。ここからが逆転の発想となりますが、毎日商店街を歩いていると、お店にいるおじいちゃん、おばあちゃんが出てきて、子どもたちに話しかけてくれるようになりました。床屋さん、ひもの屋さん、酒屋さん、漁師さん、清掃局のおじさんまで、みどりの帽子をかぶっている子どもたちを見かけると会話をしてくれる

ようになりました。そのうち、いろいろな人から、「これもっていきな」といろんなものをいただけるようになり、多くの人が筆者たちの子どもたちを気づかってくれるようになりました。それから5年の月日が経ち、周囲のおじいちゃん・おばあちゃんから「子どもの声が聞こえて元気になった」と言われるほど、その自治の中に根差すことができました。その後も子どもたちと共に公園や神社や海や山など、様々な場所に出かけていき、多くの人とつながっていきました。保育園というコミュニティに様々な人たちが参加してくれたおかげで、子どもたちにいろんなものを見せてくれたり、お話しをしてくれる機会もいただきました。他方で、子どもたちをケアすることを通して、地域の人たちにとっても良い機会となったのではと考えます。

 ## 7 プレイセンターという共同保育

　次に海外の事例として、ニュージーランドのプレイセンターという実践を紹介します。プレイセンターは第2次世界大戦期にニュージーランド軍も参戦し、多くの男性が徴兵されました。その緊急事態の中、女性同士が協働し子育てをしたことがプレイセンターの始まりと言われています。その後、ニュージーランドの全域に広がっていったといわれています（池本 2014）。もう1つ、特徴的な地域環境として、農業国であるニュージーランドでは隣の家まで、子ども一人では通えないほどの距離にある事情がある家も少なくありません。そこで地域の親が集会所的場所としてプレイセンターを利用し、子育てを学び合う場所として発展していったとされています。現在では、「Family Growing Together」という観点を基軸に、国の幼児教育施設として認められ、さらに親が学び

合う場として国が生涯学習の機関としても認証されています。プレイセンターの活動は、午前中２時間半行います。その活動の内容は、すべて保育の内容を「テ・ファリキ」というナショナルカリキュラムに沿って親同士が考え、子どもの日常の出来事を"ラーニングストーリー"という記録手法を使いながら、共同で学び合い、育ちあっています。さらに子どもも"一市民"として身の回りの活動に参加していくりっぱな"学び手"であるととらえ、大人も子どもも共に育ちあっています。

⑧ コミュニティの再構築

　ここまで上記４つの事例からいくつかの傾向を探ってみたいと思います。１つ目の傾向として、どの事例も人と人がつながり、協働し、さらにその関係が広がっていくことに共通点がありました。２つ目の傾向として、どのような人が来ても、参加することに対してコミュニティの出入りの自由さが伺われ、オープンな関係性が見えてきました。つまり、親も子どもも地域の人も、共に育っていく（結果として）場になっていくことがどの事例にも共通していたと考えられます。

　上述のようなコミュニティの生成に関して、今度は理論的な側面から考えるうえで、ウェンガー＆レイヴ（1993）の正統的周辺参加という理論を援用して検証したいと思います。正統的周辺参加とは、「新参者と古参者の関係、活動、アイデンティティ、人工物、さらに知識と実践の共同体などについての１つの語り口を提供するものである。これは新参者が実践共同体の一部に加わっていくプロセスに関係した話である。１人の人の学習意図が受け入れられ、社会文化的な実践の十全的参加になるプロセスを通して学習の意味が形作られる。この社会的プロセスは知

性的技能の修得を含む、というよりも、実際包摂しているのである」と述べています。これを筆者なりにわかりやすく説明すると、個がコミュニティに参加することで、そのコミュニティが変容していくと同時に、そのコミュニティの中で個もまた変容し、相互に影響し合います。また、どのようにすれば良いコミュニティが構成されるというような理想的な話ではなく、良いコミュニティにしても、悪いコミュニティにしても、その中に個が参加することで善きにしても、悪きにしても変容していく場合があるとしています。

　仮に"より善くなりたい"と思っている保育者の集団の中にはいれば、自身の能力や指導力とは別に、その実践コミュニティの中の1人として成長していくことが可能であるということを意味しています。よって、どのようなコミュニティに自身が参加するのかということが、コミュニティを再構築にするにあたり重要であるということが考えられます。

9　コロナ後の新たなコミュニティの再生

　農繁期の就労支援として始まった保育園は、親が働きに出ている間に、子どもを預かり、その子どもたちの生活の場を保障する施設としての意義は今もかわりません。よって、保育園は社会の労働環境とは切っても切れない関係にあります。コロナ禍、上記の問題が注目されるようになってきています。具体的に、コロナ以前までの保育の歴史的状況と、コロナ後の日本の大きな社会的課題は、労働時間とプライベートの生活の両方、いわゆるライフワークバランスについて考えるようになってきています。幼児教育の保育料を無償にする国はあっても11時間無償にする国はありません。ゆえに長時間労働を解消しない限り、社会における抜

本的な改革にはならないと考えます。他方、『AI vs 教科書を読めない
こどもたち』の著者である新井（2018）は、現代における多くの仕事が
AIによってその仕事が可能となり、人間の仕事が代替される可能性が
あることを予測し、さらに「AIで仕事を失った人は誰にでもできる低
賃金の仕事に再就職するか、失業するかの二者択一に追い込まれる」と
述べています。一方で新井は「新しい産業が提供する仕事は、人間にし
かできない仕事でなければならない」とも述べています。すなわち、今
までにはない発想の中で、AIにはできない新たなビジネスが生まれる
という意味であります。そこから意図することとして、これからの労働
環境は、例えば８時間労働でなくてもできる仕事や週休３日や４日でも
できる仕事や業種などが生まれてくる可能性が十分あると予想されます。
　その理由の１つとして、実際にコロナウィルスの感染防止のための緊
急事態宣言が発令されていた期間、ウェブでの会議が増え、多くの会社
がリモートワークに切り替え、以降もリモートの活用を行っていく姿勢
の会社も増えました。上記のことから、東京や首都圏まででて仕事をす
る必要がなくなる人も増え、自身で時間管理しながら自宅から近い環境
の中で仕事ができるようになってきたということがいえると思います。
　１つ例をあげてみます。資料７−１は、先に述べた大磯町の保育所が
移転開所し、隣接するコワーキングスペース、さらに周囲のヒト、モノ
の環境をヴィジュアルにて表現したものです。仮に、大磯町在住で園に
子どもを預け、東京に片道２時間往復４時間かけて毎日出勤している人
がいるとします。資料７−１のとおり、コワーキングスペースやシェア
オフィスのような機能が保育所のすぐそばにあると、東京に出勤してい
た４時間を子どもや家族や自身のプライベートの時間に費やすことがで
きます。それ以前は19時にお迎えにきていたのが、17時になれば大磯
のビーチに子どもと出かけることも可能となり、その後一緒に夕食をす

資料7-1　大磯町での実践

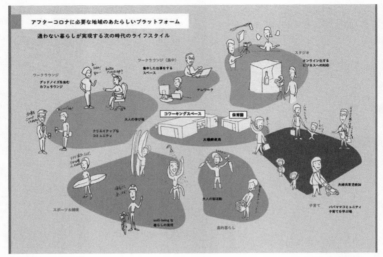

(出典) 株式会社Co.Lab

ることも可能となります。すなわち、ローカルで仕事をする人が増えて
くることで、ライフワークバランスの「ライフ（生活）」の時間が増えて
いくのではないかと考えます。

　ここで、「ライフ（生活）」の時間を有効的に使っているデンマークの事
例を紹介します。デンマークでは、労働時間が1日約6時間とされてい
ます。筆者がデンマークの保育園を訪問した際に、園長は15時に業務
を終了し、筆者がその後どうするのかと尋ねると、園長は「今日はこれ
からコーラスサークルにいってから帰宅します」と言いました。「あれっ、
もう帰っちゃうの」とビックリしましたが、後に現地の人のお話から、
この園長のような人はデンマークでは一般的であるということがわかり
ました。さらに、夕方17時以降にヒュッゲという夕食の時間があります。
よって、仕事終わりからヒュッゲまでの時間は自身の「部活動」の時間
として、楽しんでいるというわけです。いわゆる「部活動」というコミュ

186

ニティは自身が興味・関心あることに参加することです。また、出入り
も自由であり、心地よい環境を定義しています。

　もう一つ「ライフ（生活）」の時間を有効的につかうニュージーランド
の事例を紹介します。筆者が以前暮らしていたニュージーランドでは夏
の日暮れはおおよそ 21 時頃でした。仕事は 17 時に終わり、それ以降は
ヨットやボートやマウンテンバイクなど、野外での部活動に所属して楽
しむ人が沢山いました。このようにデンマークやニュージーランドの人
たちは、それぞれ各々の興味・関心に応じて部活動に所属しています。
「部活動的コミュニティ」に参加することで、仕事以外の時間を共に過
ごすことで、自身の生活を豊かにしているということが言えると思いま
す。

10　互いの違いを認め、つながること

　これからの日本にとって何が必要とされるでしょうか。ここまで整理
してきたことを少し理論的に考察していきたいと思います。

　様々な環境の中には文化というものがあります。例えば、アメリカで
は、子どもが自律を促すために小さな頃から別の部屋で寝かすといいま
す（川田 2019）。これはアメリカの文化です。日本には日本の文化があ
ります。それは「同調性」です。農繁期の時も協働し、助け合いその集
落で生きてきました。いわゆる「つながる」ということを大事にしてき
ました。しかし、それが同じでないといけないという苦しさもあります。
「村八分」という言葉もあるくらいですから、「同じ」でないといけないと
いうのも、正統な考えとは言い切れません。しかし、それぞれ好き勝手
なことをする個別主義化が強固になることを避けてきたことも事実で

す。では、そもそも「それぞれが違う」というものと、「つながる」ということが水と油なのかでしょうか。そうではないと思います。

　アメリカのインクルーシブ教育を見てきた赤木（2017）の論考にそのヒントがあると考えます。赤木は、アメリカの教育観には、「それぞれ違う（difference）」ということと、「個々（individual）」を掛け合わせた世界観があり、一方日本の教育観には、「つながり（relationship）」ということと、「同じ（sameness）」を掛け合わせた世界観であると述べています。そして赤木は、「これからの世界は、それぞれの違いを認めつつ、つながり続けること」であると述べています。つまり、これからの社会は、「それぞれの違い（difference）」を認めつつ、「つながる（relationship）」ことを大事にしていく社会への変革が問われていることを意味しています。保育園もまた地域という関係性の中にあります。様々な人が尊重され認められつつも、周囲の環境に目を向け、つながっていくことだと思います。

11　local と global

　最後に上述のことを踏まえ、地域コミュニティの再構築に向かって、その軌道となる定義を述べたいと思います。定義づけをするためには、2つの観点を合わせ持つことが必要であると思います。

　1つ目は、これからの社会はより地域に根差すということを考え直す必要があるという点です。上述の大磯での例のように、地域で働き、地域内での生活や資源環境を見直し、地域で遊んだりすることにより、より地域の人たちとの対話やコミュニケーションが増え、つながるような機会が増えていきます。すなわち、地域に根差す「local」な経験が必要

であると考えます。

　しかし、「local」な経験が内側にだけ向いていては良いコミュニティは形成されないと考えます。例えば、内側の世界だけで生き続けていくと、思考がルーティン化し、考え方が固執化し、村社会的な現象が起こりやすくなると考えます。そして、徐々に波風たてない世界を善いとするようになっていきます。すなわち、本当の意味で意見が言い合えるような、信頼できる社会を構築していくことが難しくなってしまうのではないかということです。

　そこで、２つ目の観点として、地域コミュニティが、地域に根差すことを大事にしながらも、同時に外側の世界に目を向けることが重要となってきます。常に外側の世界の人と接点を持って、外側の世界の人たちを巻き込んでいくことにより、地域コミュニティに新しい風が吹き込み、人も循環し、コミュニティも変容していくということが生起すると考えます。また、コミュニティへの周辺からの参加も自由であることにより、より開いた関係性が構築されると考えます。すなわち、外側の世界にひらくことにより地域の輪を広げていく「global」なコミュニティ形成も同時に重要であると考えます。

　地域に根差すという「local」な経験と、未知な世界に開いていく「global」な経験を合わせ持つこと、すなわち「local」＋「global」＝「glocal」な経験こそが、これからの社会に必要な観点であり、「local」な実践だけでは、暗黙のルールができ、信頼できる社会にはなりません。「global」な実践だけでは、地域に根差すことなく、足もとの有益な資源を見落としてしまい、日常の実践が乏しくなってしまいます。よって、どちらか一方だけでは持続可能な社会は成就しないと考えます。よって、内側に目を向ける力と、外側に向かう力が相互的に作用することにより、本質的に信頼できるコミュニティを形成することが可能であると考えま

す。上記のことが成就することにより、何時災害が起こったとしても、困難を乗り越えるために人間が潜在的に取得している共同性が生起し、"バケツリレーのできる地域"が再生されていくのではないでしょうか。

　最後に、災害ということを起点にして考えた先にある、実践コミュニティが、重要なカギを握っていることもお伝えしたいと思います。マニュアル的な防災対策やhow to的なことを習得することより、はるかに重要です。より良い実践コミュニティは、防災に限らず、教育や会社や地域にとっても重要なエッセンスとなります。つまり人と人とがつながりあい持続可能な社会へと向かっていく過程において、「人が善くなろうとするコミュニティ」が起生し、社会を変えていく根源となっていくのです。今後、日本社会が再構築へと向かっていくことを願い、本章の結びにしたいと思います。

参考文献
・新井紀子『AI vs. 教科書が読めない子どもたち』東洋経済新報社（2018年）、pp.267-274
・赤木和重『アメリカの教室に入ってみた　貧困地区の公立学校から超インクルーシブ教育まで』ひとなる書房（2017年）、pp.194-197
・池本美香『親が参画する保育をつくる─国際比較調査をふまえて』勁草書房（2014年）
・ウェンガー・エティエンヌ＆レイヴ・ジーン著、佐伯胖訳『状況に埋め込まれた学習　正統的周辺参加』産業図書（1993年）
・川田学『保育的発達論のはじまり』ひとなる書房（2019年）
・ロゴフ・バーバラ著、當眞千賀子訳『文化的営みとしての発達　個人、世代、コミュニティ』新曜社（2006年）
・加納土監督『沈没家族　劇場版』劇場版パンフレット、ノンデライコ（2019年）

第 8 章

新しい保育の形へ

～課題と提言～

1 「わからない」これからの保育所の役割

　これから先、筆者自身どのような社会になるのかは、わかりません。未来に対し、当然、関心はあっても予測はできません。本書は、新型コロナウイルス感染症がまん延する中で、これから来る未来に向けて、その保育のあり方や、そもそもの保育所機能を問い直すことが目的のように思えます。ただそれは、だれにもわからない未来のことであり、筆者自身も当然わかりません。社会がどのようになるのかがわからないのですから、その社会の社会資源である保育所が、どのようになっていくのかは誰にもわかりません。

　少し長くなりますが、章の冒頭として『子どもを「人間としてみる」ことの「人間学」』と題して、汐見稔幸（東京大学名誉教授）の寄稿を引用したいと思います。

　　私は若い頃、ベトナム戦争が激しくなり、日本が基地として使われたこともあって、多くの学生たちと一緒に反戦運動に参加していました。アメリカのアジア支配政策やベトナムへの無差別爆撃等に対し、自らの良心から許せないと思っていました。〜略〜「それみろ、やっぱりアメリカはカンボジアに侵攻した。行っていた通りだ」などと友人に話しました。ところが、それを聞いていたある先輩が「お前は何を言っているのだ。今は『言っていた通りだと』なんて言っている時ではないだろう。どうしておまえは素朴に怒らないのだ」と私をたしなめたのです。
　　私はその言葉にショックを受けたのをよく覚えています。確かに、私は素朴に怒っていないのではないか、そう思ったのです。"そうか、俺の認識の仕方はどこかおかしいところがあるのか？"と直感したのですが、同時に、「認識する」ということは一体どういうことなんだろうと疑問を感じました[1]。

　汐見はその「認識」について、同じ寄稿の中で哲学者の戸坂潤の『認識論とは何か』を引用し説明しています。子どもであれ、保育所であれ、

社会であれ、コロナ下であれ、そのものの見方、言い換えれば「認識」については同じことが言えそうです。その『認識論とは何か』のなかで、戸坂はこんなふうに書いていたのです。

　　又感情が「認識」の無意識的な結論であることは、萬人（ばんじん）が経験する處（ところ）だ。そして所謂「認識」が感情を媒介するということも、清算し切ることが出来ない事実である。「認識」が感情を伴うとか、感情が「認識」を伴うとか云うだけではなく、感情が論理を有つことによって一定の「認識」を作り上げるのである。（私はこの點（てん）を「感情の論理」として取り扱ったことがある。）
　　要するに所謂「認識」を意志や感情から區別（くべつ）して放置することは、認識を理論や何かに限定することだが、これは知情意というような心理学の傳説（でんせつ）を借用することであって、勿論批判に耐えうるものではないのだが、意外にこの点になると、この「批判的」な認識論は無批判なのである。

　　これはすごいことを言っていると興奮したことを覚えていますが、私としてはこう言われてとてもすっきりしたのです。「感情が論理を有つことによって一定の認識を造（も）り上げる」。なるほど、認識は感情なのだ。いや認識の始原は感情だ、それがある論理的な形になったときに人はそれを「認識」と言っているのだ、そう言うのです。」[2]

認識は感情なのです。感情が理論になった時に、認識すると。

　コロナ下の中で、私たちは様々な感情をいだきました。次々と感染し、多くの方が亡くなり、その事実に今までにない、危機に満ちた未知への不安の感情でした。そして、今までの社会が見て見ぬふりをしてきたその真実の露呈を、非条理としての感情でした。命そのものが脅かされているにもかかわらず、信じてきた政治も行政も、そして科学もマスコミも、まったく機能していない。機能していないというのは、命を脅かす問題の解決に、知見や経験を一つにして、立ち向かってはいないという感情です。「なんで」という非条理。

　今そしてこの感情は、安心、安全へのバイアスの中で忘れ去られる傾

向にもあります。特に、感情の対局と思われる客観や科学によって、感情は忘れ去られる傾向にあります。ワクチンの接種が進み、日本という地域に限れば、その理由はわからなくとも、感染者数が下げ止まっている状況は、不安の感情を忘れさせようとしています。安心、安全を希求する人間の心は、非条理に思った、その感情を忘れ去ろうとします。経済は、動かすものだと信じる人間の前に、その感情を忘れ去ろうとします。

　もう一つの忘れさせようとする原因。それは、経済成長と社会保障を同一に語る文脈。経済成長なくしては、人の命は守られないという誤謬によって、私たちはコロナ前の社会に戻ろうと、同じように旅行に出かけ、同じように飲食をし、同じように観戦や観覧をし、同じように流行で着飾り、作っては壊す消費する社会が幸せであったとの幻想を取り戻そうとしています。

　本当は、私たちの感情は、コロナによって動揺し憔悴しました。その感情を忘れずに、今を考えていく事、これがこの先の社会に繋がっていきそうに思います。正確なる未来への予測は、できそうにもありませんが、現在の感情をもとにして今を俯瞰することはできそうです。その俯瞰が、理論を作るならば、新しい認識が生まれそうです。少なくともそれは、コロナ前の社会に戻ることではないはずです。

❷　コロナ下でも閉められない保育所

　日本の国では、保育所の根拠は児童福祉法によります。保育所は厚生労働省の所管であり、同時に、保育の必要な子どもに対する保育の責務者は基礎自治体ともなっています。労働する保護者において、また様々

な生活状況の保護者において、保育の必要な子どもの保育をする。保育は社会保障であり、保育所を停止することはできません。「教育」を前提にし、その教育の機会を保障するために、保育所や幼稚園を閉鎖しなかった他国とは事情が根本から異なっています。

　日本の国では、保育所を閉めることができません。繰り返しますが、保育所は児童福祉法による「児童福祉施設」だからです。そして、さらに複雑なことに、現在は児童福祉法上の児童福祉施設としての保育所だけではなく、「小規模保育事業」「居宅訪問型保育事業」「企業主導型保育事業」などのいわゆる認可外保育所も、子ども・子育て支援法により、その運営費を国費や労働拠出金から支出しています。

　一方、国以外では「東京都認証保育所」「川崎認定保育園」「横浜保育室」、また「信州型自然保育認定制度」など、基礎自治体による地方単独型の保育事業も展開されています。このような保育事業もまた、認可外保育所です。しかし、認可外保育所でありながらも、保育の責務者である基礎自体から保育の必要認定を受けた子どもたちの保育の場となっています。国制度ではない地方の認可外保育所も、認可保育所と同様に、保育の必要認定を受けた子どもたちの社会保障を担っています。

　認可保育所であろうが、認可外保育所であろうが、コロナ下においての保育は、マスクと消毒の装備にて、チキンレースのような保育をしてきました。そして今も行っています。感染者が出れば閉め、また再開し、また出れば閉めるという繰り返しです。この「閉めたり開けたり」は、基礎自治体と保健所の判断と指導によって行われます。とはいえ、実際には、場当たり的であることは否めません。なぜならば、基礎自治体も保健所も、エビデンスに基づく対処方法を持ち合わせてはいないからです。

　私たち保育者は、今日もおそれながらの保育を続けています。オミクロン株が言われる現在も、なんら対策の方法は変わっていません。大人

195

たちは3回目の追加接種を進めようとする中で、接種の安全性さえ確認されていない12歳未満の子どもたちのことを代弁しようとする者もあらわれません。保育所の子どもたちは、当然すべて未接種です。けれども毎日を長時間、保育という接触することで成り立つ育ちの中に居ます。コロナ下での保育のことを、保育士の青山誠（社会福祉法人東香会　上町しぜんの国保育園）は次のように記しています。

　「コロナで起ったあれこれはコロナのせいじゃない、前からの宿題が浮き彫りになっただけ。命を脅かす感染症がきても都内23区だけみても対応がバラバラ。地域ごとの政治の影響をまともに受けた。そもそもなんで保育園だけ閉まらないの？閉めたいと言っているんじゃなくて素朴な質問。保育園の子だからコロナでも台風19号でも外行きましょうねって、子ども側からしたら知ったことじゃない。保育園は学校じゃないから学校保健安全法はないし、春休みないし、そもそもこんな事態想定されてないし、「私の政治信念として保育園はこういう時のために税金を投入しているから閉めません」って、そんなの命がけで登園していた子どもたちに説明できるならばしてみろ。
　どこで誰と一緒にいたらいいのか家の数だけ事情がある。子どもはその事情を背負って生きている。休園するしないではなく、この状況下で一度でも子ども中心に議論されただろうか。そもそも保育園はなんのためにあるの。保育所保育指針に子どもの最善の利益のための場所ってあるけどほんとは子どものための場所じゃないでしょ、保育園。この国の社会保障の下支えを子どもたちが長時間保育で支えているだけ。」[3]

　オミクロン株のような変異したウイルスは、子どもに対してどのような影響を及ぼすのかはわかりません。子どもたちへの予防接種も今の段階では承認されていませんし、承認されても接種後にどのような影響があるのかも、だれにもわかりません。そんな中、子どもたちは日々保育所に通い、保護者たちは仕事に出かけているのです。そして私たち保育者も、毎日の子どもたちとの生活を恐れながらに続けています。青山は次のように続けます。

「命は命をもって守ります。保育者は自分の命や事情はさておいて仕事についています。それになんの未練もありません。家にいるときや通勤時にはいろいろ思いますが、いったん子どもの前にたてばその子に 100 ％向き合います。地震などの災害が起きた時もそうです。その子の命の前に自分の命を置いて関わっています。」[4]

そして命に対し、命として向き合っている私たち保育者の複雑な気持ちを、次のようにも表します。

「保育者も人間であり、家に帰れば親や子どもであり恋人でもあります。」[5]

子どもの命を守り、子どもの家庭を守ろうと必死に保育をする。けれども私たち保育者も、当然みなと同じ、人でありその関係の中で生きています。制度や数字の上の客観からは見えてこない、このどうしようもない感情を不条理として表したい。この不条理の感情が、コロナ下での保育を支えている事実を明確にしておかなければなりません。

③ 気持ちの交換

　筆者の園は、東京の西のはずれにあります。31 人の定員の、０〜５歳の子どもたち、数名の小学生たちが暮らしています。薪ストーブの煙突がある小さな平屋の戸建ての園舎に、子どもたちも保育者たちも暮らしています。

　散歩に出かけ秋の畑道を歩きます。空は高く、その青さは宇宙まで吸い込まれるようです。遠くの山々はまだ紅葉はしていませんが、そちらの方から台地の畑道に澄んだ風が渡ってきます。心地よい、秋晴れの日です。

畑の散歩は、畑と畑の合間をぬい、作物の間を抜けて歩きます。2歳2か月のりょうた君が畑の脇に座り込みました。「たまごがあるから、とって。このたまご、けんちゃんにあげるの」と筆者に向かって話します。りょうた君が指す先に、なるほど、「たまご」が転がっています。若い冬瓜の実が、ちょうどダチョウの卵のような大きさで、太陽に照らされて、ピカピカと葉っぱの間に転がっていました。

　緑色の卵。りょうた君は、畑の中に、そして秋の環境の、そう、すい込まれそうな高く青い空と、山々から吹いてくる風の中に、この大発見をしたのでしょう。その発見を、けんちゃんに伝えたいのだと思われます。筆者は「畑のおじさんのだから、獲れないよ」と、りょうた君に伝えました。りょうた君はあきらめて、また歩きはじめました（資料8-1、8-2）。

　畑道を先へ進んでいくと、大きな水たまりがありました。いったん立ち止まり、子どもたちは水たまりを覗き込みます。そのうち1人が足を踏み入れます。それを合図とするように、もう1人がジャンプで水たまりにとびこみました。あとは五月雨です。次々とみな水たまりに足を踏み入れ、しばらくそれが続きます。

　水たまりに入り、ばちゃばちゃと足踏みします。次第に、畑の黒土は泥水となり、顔や衣類に飛び散ります。気持ちは最高に達します。大笑

資料8-1

資料8-2

資料8-3

資料8-4

いしながら、声を高らかに上げながら、より一層、泥のしぶきが跳ね上がります。とうとう、転んで真っ黒になります（資料8-3、8-4）。

　一方で、そことは違う子どもたちがいます。幾人かの子どもたちは水たまりに入らずに、水たまりの周囲で、その様子を見ています。見ながら、まるで「やれやれ」というようなそぶりでいます。場は共有していながら、行為は共有されていない。行為を共有していないのは、そこに居る保育者も同じで、やはりその様子をじっと見ています。

4　園に帰って、冬瓜のこと

　その日の夕方、保護者が子どもたちを迎えにやってきます。りょうた君のお母さんに「冬瓜のこと」を話しました。お母さんは答えます。「りょうたは、家でもよくけんちゃんのことを話します。気にいっているおもちゃを持っては、これはけんちゃんにはあげないと話しています」と。

　「けんちゃんにあげたい」「けんちゃんにあげない」。一見、これは相反するように見えます。しかし、そうではないのではないか。交換の方式でとらえてみたいと思います。

5 交換の方式

　哲学者の柄谷行人によれば、交換（交換様式）は、四つのタイプになるといいます（資料8-5）。A互酬交換（贈与と返礼）、B服従と保護（略取と再配分）、C商品交換（貨幣と商品）、D？（X）。お腹がすいてパンを買うのならばCの交換だと思います。お金でパンを買う。この方法は、現在私たちが一般的に行っている交換の方法です。

　一方、BとAはお金（貨幣）で物を買う以前の時代が想像できます。しかし、今でもお歳暮やお中元のように行われていますし、大切にされています。従属し言うことを聞けばパンはもらえるBと、パンをもらったのでお礼にリンゴをあげたAは、貨幣が現れるC以前の社会であると柄谷はいいます。歴史で言えば領主に年貢を納めて命を守ってもらうBと、原始社会のように川で捕まえた魚と山で集めた栗を交換するAのような交換の様式でしょうか。

　ではDとは何なのでしょうか。歴史としてDは存在しないと柄谷はいいます。そしてDはAの高次元での回帰ともいいます。資本主義経済のCを経て、Aが再度現れることをDとしているのです。

資料8-5　交換様式

B　服従と保護 （略取と再分配）	A　互酬交換 （贈与と返礼）
C　商品交換 （貨幣と商品）	D　X

（出典）大澤真幸、柄谷行人、見田宗介『戦後思想の到達点』NHK出版、2019年、P17 より

6 「けんちゃんにあげたい」「けんちゃんにはあげない」の交換様式

　「あげたい」ことと「あげない」ことは、なぜ相反ではないのか。もちろん、「物と物」の交換を想定したならば相反します。「あげる」と「あげない」。しかし、「心と心」の交換を想定したならば、相反はしません。あの人にあげたい、あの人にあげたくないは、すでにその人に対しての心を交換しています。なぜならば、その人に対しての気づかい、心づかいがすでに存在し、相手を想像して言葉にしているからです。

　私有財産の交換を経済とするのではなく、気持ちの交換、心の交換を経済とすることはできないでしょうか。柄谷の交換様式Aは、私有財産の交換が先にあるのではなく、交換する相手への気遣いがまず先にあると思われます。交換した私有財産、すなわち物は、その気遣いの表れであり物の持つ価値は二次的な産物だと言えます。交換した物の価値は、物自体が持つ価値よりも、その気遣いにより決定されます。

　そうなると交換様式A、すなわち贈与と返礼は、贈与する側と返礼する側の「物」の価値がイコールである必要は、あまり重要なことではなくなります。そして、その物の価値は、あの人とこの人の関係、間柄によって決まります。久保健太（大妻女子大学）は、そのことについて『過剰な贈与』と表現をしました。（久保健太　童心社研究会）関係、間柄にとって贈与と返礼は、その価値を増産もさせ減産もさせることが可能なことを示しています。

　交換様式Cによる交換は、交換様式Aに見られる「心と心」の交換を否定することで成立をみます。同一時間による、均質な物の拡大生産は「心」を否定することで成立をするのです。見えない消費対象に対して、均質で均等な物を増産することで成立をするからです。ピーター・モス

（ロンドン大学名誉教授）は「質」という用語を用い、近代の資本主義社会での「質」を『普遍性』『不変性』『確実性』『客観性』のことと定義し、これらは消費対象の質であることを明らかにしています[6]。

　モスの指摘どおり、現在の保育所、幼稚園はこの資本主義社会の質を「質」としているように思います。それは、利用者のサービスに保育や教育が成り代わってしまっているからです。だから、均質化した普遍で不変な保育が、客観性を持った保育者によって確実に行われることが求められています。ただこれは、人が育つための質ではありません。

　交換様式Cを通り超え、新たな交換様式Dは、交換様式Aに回帰されるとするならば、消費対象の質ではない質、すなわち「心の交換」の質を伴うということが言えそうです。それらは、あの人にあげたい、またはあの人にはあげないという心から生じていることにほかなりません。ですから、常に生産はオーダーメイドでありカスタムメイドであるわけです。それは普遍的ではなく不変的でもなく、感情にみちた不確実な物であるかもしれません。

　そして、本来、保育も教育も、その人とその人の関係に起る、心の交換の中にあったはずです。それはやはり、普遍的でもなく不変的でもなく、感情にみちた不確実なものであった。そして、その関係の中で起こる、それぞれのオーダーメイドでありカスタムメイドであったはずです。

　　「たとえば、わしら今日、小さなヘビをつかまえただろう。わし自身の命もいつか同じように、突然確実になくなるだろってことを知ったうえで、ああしたんだ。だから、全体としてみれば、わしもヘビも、同等なのさ。彼らの一匹が、今日のところは、わしらをやしなってくれたんだ」[7]

　『気流の鳴る音』に見るアメリカ原住民の呪術師のドン・ファンの行動を真木は「感覚としてのエコロジー」と言い表しました。ウズラを狩る場面では、5羽捕獲したウズラのうち、2羽を料理し3羽はまた山へ

帰します。同行しているカスタネダ（研究者）がうずらの調理のために
灌木を折ろうとしますが「もうウズラを傷つけたのだから、これ以上灌
木を傷つけることはない」とドン・ファンはカスタネダを止めます。そ
して「だが、もしそうしてしまっていたら（うずらを 5 羽傷つけたり、
灌木を折ったりしたならば）灌木も、ウズラも、まわり中のものがみんな、
わしらに攻撃を開始しただろう。」とカスタネダに話します。所有を交
換することを当たり前としてきた資本主義社会の合理性に対し、一旦そ
れを停止し、ドン・ファンの行為から「合理性の質の相違を確認してお
きたいと思う」と真木は指摘をします。

　自明である資本主義の交換は、本当は違うのかもしれません。もしそ
うであれば、りょうた君とけんちゃんのように「あげること」と「あげな
いこと」はやはり相反しない。繰り返しますが、そこで交換されている
のは、物ではなく「思い」です。その思いを価値とするならば「合理性の
質」は当然、変わるのでしょう。

　私たちの教育は、社会の構造に支配されています。交換様式 C の中で
の教育は「心と心の交換」を否定し、普遍的で科学的という客観的な視
点を強調して進められてきたように思います。自立による対等な関係の
個人が、対等な交換を行うことで経済社会を維持していく構造です。自
立し対等に交換のできない者に対しては、障害者、子ども、高齢者、貧
困者などというカテゴライズをし一見、善意に満ちた分離をするととも
に、福祉という名の配分と給付により、社会的弱者としての自立を促し
てきました。

　しかし、本当の人の育ちは違うのです。りょうた君のように、生まれ
て 2 歳前後の子どもたちに見られるように「心と心の交換」が先行して
いるのです。先行と言うよりも、好んでこの「心と心の交換」をしてい
るように見えます。この好んでいる時期を、発達心理学にならって「臨

界期」又は「敏感期」と表してみます。

　畑道の水たまりでは、泥水につかる人、つからない人の二つに分かれました。歩いているうちに偶然に見つけた水たまりは、数日前の雨の日の産物です。準備されたものでもなく、準備したものでもありません。秋晴れの空気の中で、出かけることで出会った、いうなれば偶然の環境なのです。それが、見えたのです。多くの人々が教育とする時に、学校のような意図的な環境にて育ちは保障されているように思えますが、案外、水たまりのような偶然で突発的な「もの」や「こと」のへ対峙の中でその育ちは起こるように思います。

　「わたし」の身体は、すでに偶然で突発的なものやことを含め、自己を取り巻く環境にはなから包囲されています。しかし、水たまりに入った人も、水たまりに入らなかった人も、同じ環境に包囲されながらも、その行為は違いました。行為は、環境から起こる情報により決定づけられているにもかかわらずです。それぞれに違う行為を選択するその個別性を「裂開」とし、同じ環境の包囲の中で同じように行為したことを「塊」とします。そして「裂開」は「わたし」であり、「塊」は「わたしたち」です。

　おそらく人は、塊ったり裂開したりを瞬時で、同時に繰り返しながら、自己の存在を確認しています。白い画用紙に人型を描けば、その描いた線の内側は描いた線の外側があることによって認識されます。同じようにまた線の外側も、線の内側があるので認識されることと似ています。同じ理屈で私たちは、環境の包囲なくしては、自分がいることすら描けませんし、畑道を歩くような行為する主体を描くこともできません。外

204

がなければ内もないし、内がなければ外もない。

西田幾多郎はそのことを『絶対矛盾的自己同一』として表しています。小坂国継によれば、絶対矛盾的自己同一は、次のように解説されます。

〈解説〉現実の世界は物と物が相働く世界である。個物と個物が相互に限定しあう世界である。しかるに、個物と個物が相互に限定しあうということは、それぞれの個物が自己を普遍化しようとすることである。個物が自己を普遍化するということは個物的多が全体的一になろうとすることであるから、それは個物が個物としての自己を否定することであるともいえる。現実の世界はこうした個物の相互限定によって成立している世界と考えられる。いいかえれば、それは多の一の世界である。現実の世界は物と物、個物と個物が相互に矛盾し対立しあいながら、同時に世界は世界として自己同一を保持している。それで、現実の世界は絶対矛盾的自己同一の世界であると考えられる[8]。

多の一は塊であり、個物と個物は裂開です。それが同時に行われる。行われるというよりも、今そのものは、すでにそうなっている。限定しあっている。私たちは自己がいることを認識すればするほどに、すでに多の一部として取り込まれているのです。「わたし」を強く感じれば感じるほどに「わたしたち」を強く感じていることになる。

そうすると、水たまりの個々の行為は個々でありながら全体の行為でもあります。裂開した個が泥水を跳ね上げ、腹の底から湧き上がる喜びを笑い叫ぶ。裂開した個が喜べば喜ぶほどに、全体に包摂され、全体を構成する他の個と共振していく。すでに個は全体的一として塊として存在しうるのです。そして、泥水につからない個も同じ構造で説明ができそうです。

泥水につからない個は、水たまりにつかる個があることで、水たまりにつからないのです。確かに行為は相反していますが、心の交換として見たのであれば、同じことです。泥水につかっている個の感覚を共有しているので、つかりたくないのです。楽しいのと同時に、冷たい、汚ら

しい、わずらわしいなどの感覚が泥水につかっている個と同様に思い描かれているのです。だからつからない。

　しかしなぜ、同じ環境に居ながらも水たまりに入る個と、入らない個とに分けられたのでしょうか。その理由として、臨界期、敏感期を重ね、考察したいと思います。

　資料8-6は、実際のその時の様子を撮影したものです。行為と月齢を記してあります。中心の囲みの子どもは、水たまりに入った子どもです。その月齢は、1歳9か月から2歳7か月です。一方、入らなかった子の月齢は2歳5か月から3歳7か月です。そして、加えて、筆者も含めた成人した保育者4名です。

　どうやらこのことから、年齢が1〜2歳中ごろの子どもは水たまりに入り、2歳中ごろ〜3歳を過ぎた子どもは、水たまりに入らないという

資料8-6　ウッディキッズ　秋の散歩道

きたないと言ってすでにここにいなかった人
そう・3歳7か月

どろんこをやる人
りょうた・2歳4か月

どろんこをやる人
りょう・1歳9か月

どろんこをしたものの尻もちをついて
やめた人　増川そうた・2歳6ヵ月

以前はやっていたが、今は遠目で
見ながら、汚れたくない人
わたる・2歳7か月

少しだけでやめた人
五十嵐そうた
・3歳1か月

どろんこをやる人
あき・2歳1か月

やらせているのに、やらない人達
真菜・25歳・竹中・33歳・吉川・？

どろんこをやる人
けんいち・2歳7か月

どろんこをやる人
ちひろ・2歳5か月

どろんこをやる人
ももか・2歳5か月

双子

以前はやっていたが、今は汚れたくない人達
さえ・3歳10か月、かなつ・3歳2か月・おとか・3歳0か月・ともか・2歳5か月ここは謎、双子は不思議

ことが見えてきます。臨界期、敏感期です。成人した保育者も入らないことを見ると、この1～2歳中ごろの、この時期を逃すと、このような全身が汚れるほどの、水たまりに入る経験は、事情がない限りはないのだと言えるかもしれません。

　水たまりのどろんこも、冬瓜の卵も、どうやら1～2歳の間に何かが起こっているらしいのです。3歳になった子どもたちは、自分がいることをすでに自明としている。自他未分である0歳の子どもは、自分がいることは知らないはずです。自他未分から自他区分の間が1～2歳と言えそうです。

　「大きくなれば、水たまりなんかで遊ばないよ」と、おそらく大人はみんな言うでしょう。ですがその当たり前とするような事柄について、もう少し丁寧に考えなければならないと思います。「遊ばなくなる」ことを成長とするのでしょうが、この「遊ぶ」ということについて、遊ぶべきであり、どうして遊ぶのかを考えなければなりません。

8　遊ぶ理由

　どうして遊ぶのでしょうか。その理由を考えるために、遊ばなかった子の理由を考えたいと思います。筆者を含めた保育者は、確かに水たまりに入りませんでした。どうして入らなかったか。これから先のことを考えていたからです。筆者自身もそうでしたし、他の保育者に聞いてみたところほぼ同じ答えが返ってきました。

　園に帰って泥んこの子をお風呂に入れたい。せめてシャワーはしたい。衣類は、保護者に返す前に一度洗たくをしたい。靴も洗いたい。靴は降園する頃までに乾くだろうか。

そんなことを考えていました。だから、自分が汚れることは避けたい。なによりも、風は冷たいので濡れて寒いのは嫌だとも考えていました。私たち大人だけでなく、水たまりに入らなかった子も、寒いからだとか、靴が濡れると歩きにくいし気持ちが悪い、衣類に泥がつくのは嫌だと考えていたようです。だから、水たまりに入る子を見ながら「汚い」と言いました。

　これらが、どうやら遊ばなかった理由のようです。この理由は、今現在のことではなく、むしろこれから先の予測であり、予測が今の行為を決定したと言えそうです。

　このことについて西田は『合目的的世界』という用語を用いています。以下は小坂による注釈です。

〈注釈〉合目的的世界
　生物的世界あるいは生命的世界。物質的世界は因果法則が支配する因果的世界であるのに対して、生物的世界は目的因によって動く合目的的世界と考えられている。因果的な物質的世界においては、現在は過去から決定されるのに対して、合目的的な生物的世界においては、現在は未来から決定される[9]。

　現在は未来から決定される。コップを落としたら割れたような物理的な物質世界においては、因果関係として過去から現在が決められてきますが、生物による有機的な世界においては、これから先の「合目的的」、言い換えれば「意志」（Will）によって今の行為が決められていくということです。ですから、予測して、汚れると面倒なので水たまりには入らないと意志したのだと思われます。

　さらに、水たまりに入らないということは「意志を意志」としている感じでしょうか。環境により見えたり匂ったりすることで「入りたい」という情動と、未来から決定される「入りたくない」という情動、その両面によって今の行為が決定されている。どうも、生まれて２歳中ごろ

〜3歳の子らは、入りたい意志を、入るとどうなるかの意志、その両面によって今の行為を決めたように見えます。決して、一緒に居る大人に制止されて入らなかったのではありません。おのずから決定したのです。

　意志を意志するということについて、真木悠介は先述した南米の呪術者ドン・ファンの語りから、次のように述べています。

　　先に見たように「意志」という語は、惰性から身を解き放つ超越を示すとともに、またあるものに執着してゆく内在を示してもいる。〈コントロールされた愚かさ〉は、このような意志の二つの側面、解脱と愛着、detachmentとattachment、degagementとengagementの関係そのものをコントロールする能力であり、したがってそれ自体のうちにひとつ回帰する構造をはらむ。それはいわば〈意志を意志する〉ということであり、目的自体の自己決定性、自己の欲求の主体であることに他ならない[10]。

　0〜1歳児には「意志を意志」することはありません。なぜならば、自己の存在を自己で描いていないからです。自分がいないのです。画用紙に人型を描いたように、周囲がなければ自己の内側も外側も描くことはできないわけです。

　となると、0〜1歳児あたりは、自分の身体を包囲している環境そのものとの境界が、存在しないことになります。画用紙の上に線はひかれていません。しかし身体は受容器ですから、視覚、聴覚、嗅覚、触覚、味覚、固有覚として環境の情報を常に捉えています。画用紙の上に線はひかれないままに、感覚を感じる身体への情報は、画用紙のぼんやりとした一点に向かって集中します。その集中するが、ぼんやりした一点が、初発的な自己のように思います。この時期とぼんやりとした一点の感覚を、エリク・エリクソンは「ヌミノース」と表しています。久保は次のようにエリクソンの感覚を書きます。

エリクソンは、母親に名を呼ばれ、顔を見つめられる時の乳児の感覚、すなわち「暖かく穏やかに包み込まれる」時の感覚をヌミノースの感覚と呼び、乳児は母親の中に「神聖なるものの存在」を見ていたのだと説明しました〜略〜エリクソンをもってしてもヌミノースという「非科学的」な言い方しかできない、その感覚は、しかし、人生の第一期に置かれる人間の土台なのです[11]。

　さらに久保は、ヌミノースについて、心地の良い感覚だけではない一面のあることも強調します。現代の私たち保育者や、そして社会の子育て観が、アタッチメント（愛着形成）を端的にとらえ、保護者や保育者と子どもとの関係が、明るく優しく、けれども、うすっぺらな受容のみを肯定する風潮にあることへの警鐘にも思えます。

　ヌミノースにはもう一面、不穏さにのみ込まれた時に得られる感覚という一面があるのです。いやむしろ、不穏で、不気味だが、魅力的なものに飲み込まれた感覚をこそ、ヌミノースの感覚と呼んだほうが、いいくらいです[12]。

　画用紙に自己が描かれていないこの頃の感覚と環境との関係はまさにヌミノース的であり、母に包まれている感覚、言い換えれば環境そのものを母として、その環境にすでに包摂されている感覚、これを真の「居心地の良さ」と言うのだと思います。ですから、私たち人類は、かならずこの「居心地の良さ」を経験しているのです。なぜならば、最初から環境の中で受胎し感覚を得、最初から環境の中に産み落とされ得た感覚で環境を感じているからです。

　そして、1歳の中ごろからは、自己が形成されてきます。受容器として感じている身体を、すなわち自己とするのです。この身体で経験した感覚は記憶としてこの身体に残り、私の身体は今より先の未来においても「私」として継続し不変に存在することの自覚が、未来の予測を可能にします。自己が形成されるとは、自己の身体が一貫して私固有のもの

であることの認識であり、同時に環境からとらえた情報をもとに自己の身体で行為できることの認識であると思われます。その行為は「私」を認識させ、昨日の「私」の続きの上に今日の「私」が居て、だから明日の「私」も居るだろうとの予測を生みます。ですから、この時期になれば、時間軸としての過去と未来、言い換えれば記憶と予測が確かになっているということです。

「意志を意志する」。実際には「俯瞰」や「客観視」することとほぼ同義です。俯瞰や客観視と言う状態は、一度、自己を離れ他者からの視線で自己を認識するという作業が必要です。であれば、自己と他者が分離された状況でなければならない。水たまりの3歳前後の子どもたちは、この俯瞰や客観視が行われています。一方、水たまりに入った子どもたち、すなわち1〜2歳半ばの子どもたちは、そうではありません。自己を一度離れ、他者の視線で自己を認識することはしていないのです。1歳と3歳の違いは、ここにありそうです。

そして、俯瞰や客観を「意志を意志する」と書いたことには理由があります。今時点の俯瞰や客観だけではなく、先の予測を伴う俯瞰や客観であったからです。ですから、Will＝意志としたわけです。生まれて3歳にもなると、今から先の予測を俯瞰したり客観視したりすることが可能と言えます。今から先の自分の姿を、未来での自分の姿を予測することが可能ということです。

今、原稿を書く背中には11か月の赤ちゃんがいます。負ぶいひもでおんぶしながら、パソコンを打っています。数日前、39度の発熱をし、保育所で預かりながら心配をしていました。おそらく「突発性発疹」であろうとは思いながら、熱の下がることを祈りながら保育をしていました。今日は平熱に下がり、ちゃんと発疹が出はじめています。最近は、人見知りを始めました。知らない人や、知っている顔でも、例えば迎え

に来る他の子のお父さんの顔でも、見ると泣き出します。以前には平気であったにもかかわらずです。ただしその泣きは、号泣するような泣きではありません。何が何だかわからないような不安ではなく、むしろわかったうえでの泣きに思えます。なぜならば、決まって近くにいる、筆者だの他の保育者だのに向かって泣くからです。「私の方を見ろ」というような具合です。

　熱の高いとき、いつものように動きたいのですが動けない。なんだかおかしいなぁとの表情に見えました。自分の行為が、自分の身体の異変で制限されている。でもそれが何かはわからない。抱っこをすると、すぐに筆者の胸にピタッと顔をくっつけて、身体を弛緩させ、軽いすべての体重を私の身体にゆだねます。そうなると、筆者自身もこの赤ちゃんの身体も、どちらがどちらであるかわからなくなります。赤ちゃんもきっと、おかしいなぁとの情報を自分の身体に持ちながら、自己を他者へゆだねる。ヌミノースの感覚です。この時、すでに自他は未分です。

　このような感覚は、まさに母の胸に帰っていくような感覚は、自己の身体が異変を起こしたときなど、私自身の輪郭があいまいになる時には、子どもであろうが大人であろうが、みな経験したことがあるのではないでしょうか。誰かと一緒に居たい。この赤ちゃんは人見知りをするのですから、自他の区分が始まっているように思います。同時に、熱のある時の身体のように、他者への身体へ自己を同一化する、いや一つの身体に帰ってゆくことができる。このことは、私たちは自他未分から生まれ、自他区分の世界で行為をしながら、いつでも自他未分の世界へ帰っていくことができることを、証明しているように見えます。

　となると、母のような帰る場としての他者が必要になります。エリクソンはエピジェネティックという葛藤の段階を示し、８つの期に分けてその葛藤を図に表しました。（資料８−７参照）この図によると成人期は

212

「世話」と表されています。この成人期は、その後の老年期の「英知」とも合わせもって、乳児がヌミノースの対象とする他者の役割だと思われます。水たまりで泥水に浸からなかった保育者である大人は、まさにこの成人期を生きる存在であったのでしょう。エリクソンによるライフサイクルは、乳児期の基本的信頼と基本的不信のせめぎあいも、幼児期初期の自律性と恥、疑惑のせめぎあいも、子ども一人の葛藤ではなく、取り巻く環境の人々との関係での葛藤です。そこには、いつも、互いの気持ちの交換があるのです。

　そして、昨日、雨が降って水たまりができた大きな環境そのものには、

資料 8-7　エリク・エリクソン　ジェネラティビティ図式

	1	2	3	4	5	6	7	8
老年期　VIII								統合 対 絶望, 嫌悪 英知
成人期　VII							生殖性 対 停滞 世話	
前成人期　VI						親密 対 孤立 愛		
青年期　V					同一性 対 同一性混乱 忠誠			
学童期　IV				勤勉性 対 劣等感 適格				
遊戯期　III			自主性 対 罪悪感 目的					
幼児期初期 II		自律性 対 恥, 疑惑 意志						
乳児期　I	基本的信頼 対 基本的不信 希望							

(出典) エリクソン, E.H.、西平直・中島由恵訳『アイデンティティとライフサイクル』誠信書房
(2011 年)、p136 をもとに筆者作成 [13]

資料8-8

成人期、老年期を生きる人たちが大勢います。意図せずに出会う、その人々も、地域としてのヌミノースの対象です。水たまりから帰る時の道端であった「おじさん」は、「なんだ、びしょびしょじゃないか。元気だねぇ」と、泥だらけの子どもたちを見て、笑いとばしていました。その笑顔のくしゃくしゃの顔には、優しい目線とともに、偶然出会った子どもたちへの、慈しみに満ちた表情でいっぱいでした。このようにして、地域においても肯定される存在として、子どもたちは迎えられ認められるのだと思います。受容する大人側が、このような「世話」「英知」に満ちた受容的態度でなければ形成できない関係です。やっぱり、お互いの気持ちの交換なのです。

9 区分なき世界

汝の不思議な力は、時流が厳しく引き離したものを再び結び合わせる。すべての人々は兄弟となる。

シラーによる頌歌　歓喜に寄す　フリードリヒ・シラー
『ベートーヴェン交響曲第9番』　フランス・ブリュッヘン指揮　18世紀オーケストラ（フィリップス　宇野功芳解説）

なんでも良いのですが、シラーの詩のような、個別化した人間像よりも、共有する人間像を理想とすることは、普遍的なのだと思います。多

214

くの思想、文学、芸術はこの普遍性を説いています。

　けれども、引き離された個別が、全体的一へと再統一される力は何で
あるのでしょうか。シラーの詩にある汝の不思議な力は、０〜３歳の子
どもたちの、その姿から語ることが可能ではないかと思うのです。私た
ちは、全体的一から生まれ、個別になる世界で、個別になることを繰り
返しながら生き、最後は死して全体的一となる。０〜３歳は、個別と個
別が織りなす世界への、全体的一からのいざないのように見えます。

　そして個別と個別の関係が行き過ぎると、私たちは全体的一を安堵の
場として求めたくなり、実際に求めます。個別と個別の世界に暮らしな
がらも、週末になれば山に登り川で遊び、環境の中で自己の身体の輪郭
を不鮮明にし、溶け合うことで全体的一に、一時でもよいから戻ろうと
する。全体的一への回帰です。

　親子は、家庭は、そして親密な間柄は、個別と個別をヌミノース的な
間柄のもとで、個を全体的一とさせる。居心地のよさとは、個別と個別
との世界と全体的一の世界の両面を感じることのできる関係であり環境
であり、同時に、個を全体とし、全体を個とするような関係と環境が必
要ではないでしょうか。

　残念なことに、日本のような形の資本主義経済下では、多くの方が指
摘しているように、コロナ下で分断は急速に進行してしまいました。分
断は、個別化です。個別化が進んだのです。

　先に記したように、筆者の園は東京の西のはずれにあります。緊急事
態宣言下、東京都心から品川、練馬、世田谷ナンバー等の自動車が土日
になると、行楽にやってきていました。どうしても目立ちます。こちら
ではめったにお目にかからない外国の高級車ばかりです。一方で、炊き
出し、子ども食堂、フードパントリーなどの活動は、同じ都心を中心に、
思いのある方たちによって行われています。どうして、こんなに貧富の

差があるのでしょうか。

　近畿理財局の赤城さんは亡くなりました。どんなに悔しかったでしょうか。そして、辛かったでしょうか。奥さんが真相を知りたいことは当然ですし、筆者を含む多くの国民も同じ思いです。どうして、あきらかにならないのでしょうか。

　オリンピックは、すったもんだの末、開催されました。賛否両論、開催まではにぎやかに報道もされましたし、政治も行政も広報活動にいそしんでいました。筆者はコロナ下で強行に開催されたイメージを持っています。そのオリンピック、反省も評価もいつされるのでしょうか。今では少しも報道されていないように思います。

　テレワークが可能な人たちに、エッセンシャルワーカーは少ないように思います。しばしば筆者は、園に登園する時に、家から園までの途中にあるコンビニエンスストアに寄ります。朝7時前ですが、作業着で現場に向かう人たちが弁当を買い、たばこを買い、にぎやかです。駐車場に停まるトラックは、建設業、建築業、設備屋、配管屋、植木屋、廃棄物処理業、様々です。コンビニエンスストアのいつもの店員さんが、やっぱり常連が多いのでいつものお客さんに「寒いですね、行ってらっしゃい」と声をかけています。お互いに心が通うことは、心地がよいのです。ホワイトカラーのテレワークは進められるのに、なぜ、コンビニエンスストアの店員さんや、買い物する現場作業の皆さんの就業は、コロナ下に対応して、改善をさせないのでしょうか。

　なんだか私的な細かなことです。けれども、コロナ下の中で皆さんも、このような「私」の周りの、私的な感情が鬱積しているのではないでしょうか。一体「なぜなんだ」と。この私的な感情が大切だと思います。そして、このような「なぜなんだ」との不条理は、説明されないままにあることは、いつでも「できる人」と「できない人」、「賛成する人」と「反対

する人」のような、安易な 2 分に陥る危険性をはらんでいると思います。賛成と反対に分かれながらも、そのうちに忘れ去られることを待っています。忘れ去られても、対立する心性は、解消しません。ずっと心の底にどろりと残ったままにいます。今は、そんな状況ではないでしょうか。本来それらは、対立するものではないはずです。写真で見た、水たまりのどろんこ子どもたちのように、個と環境が関わることでその行為は決定されます。しかしそれは、個体であると同時に、関係の中で起こる全体的一の行為でした。決して、分断は生まないのです。

10　保育所の機能変換：「労働時間を 20 時間・30 時間にしていくこと」

　さて、保育所は何をすべきか。冒頭、記述しましたように、これから先のことはわかりません。予測して挑むことも、あまり意味を持たないように思います。けれども、コロナ下の現実を「認識」することはできます。感情をもとに、理論を組み立てることはできるはずです。

　筆者の園のある東京の西のはずれ、あきる野市は、2012 年、82,084 人の人口のいる市でした。ところが 2021 年 4 月には、人口は 80,177 人へと 2,000 人弱の人口が減少しました。0 歳の人口の比較をすると、2012 年は 0 歳児 624 人が居ましたが、2021 年には 426 人、200 人の減少をしています。おそらくこのような現象は、全国的に見られるのではないでしょうか。

　さらにおもしろいことに、子ども・子育て支援法による各基礎自治体の策定する子ども・子育てに関する支援計画、あきる野市では「子ども・子育て支援事業計画」と名称が付けられていますが、その計画の進捗状況の評価はここ数年は、毎年 A 評価です。

その事業内容は「赤ちゃんふらっと事業の推進（外出先で、おむつ交換や授乳の出来る場所の推進）」「保育所、幼稚園の園庭開放」「子育て関連情報提供の推進（るのキッズメールという名称でのメール発信）」「子育てに関する意識についての啓発活動の推進」などの 44 事業があげられていますが、2014 年までは C 評価、D 評価等も見られましたが、2015 年から現在まではすべて A 評価になっています。A 評価とは、定期的に実施されていることを示すそうです。

　しかし、人口減も、少子化も止まりません。ということは、現在の子ども・子育て支援法の施策では、少子高齢化、人口減少社会は変わらないと言えそうです。A 評価であるにもかかわらず、効果がないということは、施策そのものがずれているのかもしれません。もちろん、子ども・子育て支援法は、少子化を止めることのみを目的とした法律ではありません。すべての子どもが育ちやすく、育てやすい社会を構築するために策定された法律です。「一人一人の子どもが健やかに成長することができる社会の実現に寄与することを目的とする」と、その第 1 条に明記されています。けれども、少子化が止まらないことは事実であります。「2021 年の出生数は 80 万 5 千人と推測され、国が推測してきた出生数の減少よりも 7 年早いペースで進んでいる」（朝日新聞 2021・12・23）と報道もされています。

　この章で論じようとしたことは、単純です。「気持ちが交換しあう社会」が必要であることを、描こうと試みただけです。同時に、保育所の話ですから、保育の視点から「子どもが育つことは、気持ちが交換される関係が必要である」ことを述べてきました。そしてそれは、CO_2 の削減、カーボンフットプリントのような交換の様式による地球環境の維持をもとらえることが可能だと考えます。

　コロナウィルスも同様です。コロナウィルスがまん延し始めて 2 年が

たちます。ようやく冷静な視点が多くなってきたように思います。ウィルスである限り、私たち人類と同様の生物です。だから、当初からわかっているように、答えは共存するしかありません。そうなると「禍」とはいえないのではないでしょうか。禍とするのは、被害者である当事者の物の見方です。地球環境から見れば、加害者も被害者も存在しません。共に関係の中に包摂されているだけです。だから、加害者と被害者ではない。共存していくことを述べる人たちの言葉が、2年を経て社会に目立つようになってきたように思います。私たち人間と自然との交換の方法。そのことを考えれば、ウィルスと共存していく方法が見えてくるように思えます。

　さて、気持ちが交換されるような世界をつくるためには、具体的にはどうするのか。そしてそのことを、保育所として述べるならばどうすべきであるのか。こちらも、簡単です。人の労働時間を月40時間ではなく30時間や20時間にすること。それだけです。

　2021年の暮れもそうでした。私たち保育所は皆さんの就労の後に、最後に電気を消して帰途につく仕事です。2021年は、12月30日の20時過ぎに電気を消して、妻と子どものいる家に筆者は帰りました。そして、年が明ければ1月3日にまた、園の鍵を開けます。世の中は、お正月もお盆も、仕事をしている人たちが大勢います。特に生活に資する仕事の方です。現場に向かう人たちです。筆者の園で見れば、看護師さん、美容師さん、スーパーマーケットのパートさん、消防士さん、警察官などの職種があります。筆者の園だけでも大勢いますから、もっともっと色々な職種の方が、社会を支えているのだと思います。

　ただし、この国の仕事の時間は長すぎます。コロナの前には、何度も沢山の国の保育所や小学校を見せていただきました。同時に、人々の暮らしも見せていただきました。スウェーデンに行っても、フィンランド

に行っても、英国やニュージーランドに行ってもオーストラリアに行っても、カンボジアやラオスに行っても、こんなに長い時間を日常的な労働としている人たちはいません。そして、東京の周辺を見れば、こんなに長い時間を電車に揺られて、又は車で移動し、就労している人たちにも会ったことはありません。だから、日本の保育所の保育時間は、長時間保育が当然になっています。私たち保育者は、皆さんの仕事が終わった後に、最後に電気を消して帰る仕事です。それに、子どもたちもつきあっています。子どもたちは、教育と保育のはざまで、長時間の居場所を保育所に求めているのです。子どもの最善の利益は、保護者の長時間労働につきあいながら、長時間を保育されることなのでしょうか。

　長時間労働をしなければ、賃金が減る。そして、企業は収益を稼げない。これは、本当でしょうか。フランスの月の就業時間は 35 時間です。スウェーデンの平均労働時間も 35〜36 時間です。フィンランドでは 2020 年、当時の首相は 1 日 6 時間の就業時間、週 3 日休暇の目標を掲げました。オーストラリアでは週 38 時間です。そして複数週での平均で 38 時間をカウントできます。多くの企業では 4 週間で 152 時間という形が多いようです。オーストラリアのゴールドコーストの海岸で「もう朝 9 時になるのに、みんなサーフィンしてるじゃん。やめて会社に行かないのか」とオーストラリアの友人に聞くと「いかないよ。ただし、社長、今日はお腹が痛いねぇと電話はするけどね」と話していました。すべてが冗談にも聞こえません。なぜならば目の前で、広い海岸で何十人もがサーフィンをしているからです。働き方が違うのです。

　長時間働かないと、所得は減るのでしょうか。一人当たりのGDPは、フランス 40,298 ドル（2020 年）、フィンランド 48,786 ドル（2020 年）、スウェーデン 52,129 ドル（2020 年）、オーストラリア 52,905 ドル（2020 年）、日本 40,088 ドル（2020 年）です。働く時間は短いのに、私たち日

本よりもGDPは高い。周知の事実だと思います。

　ヨーロッパでも、東南アジアでも、家族がそろって食事をしている風景を目にします。特にヨーロッパは夕方からの長い時間を、夕食にあてていました。自宅であれ、レストランであれ。ラオスのビエンチャン郊外の村にある筆者の友人の家の朝食は、家族だけではなく大勢の人たちが一緒に食事をしていました。協働で水稲をする近隣の人たちが、一緒にその家のご飯を、のんびりと食べていました。これは、多くの皆さんが知る事実です。比較するに、私たちの国はどうでしょうか。皆さんに、その時間はありますか。

　私的な感情を交換しあえる、そんな関係が今こそ必要なのではないでしょうか。そのためには、ゆとりある時間が必要です。そして、気持ちを交換できる場所が必要です。その場所の一つが、保育所です。労働の時間の為にあった保育所は、いまこそ、労働時間を短くすることで生まれる、ゆとりの時間を過ごす場所になることが必要です。それは、労働時間改革と一体です。共に過ごすことのできる時間と場所が、真の子育て支援であり、地域支援だと思うのです。

　コロナ下の保育所は、子どもを預かる場から、保護者も居られる場に機能変換をすることを提案したいと思います。いえ、保護者だけではなく。子育てに関わる人たち皆が、居られる場になることが必要だと思うのです。現在の、子ども子育て支援法による事業が、少子化の進行を止められないのは、この気持ちの交換と、労働時間の短縮が抜け落ちているからではないでしょうか。

　さあ、これからどんな保育所が生まれてくるのでしょうか。コロナと共存する楽しみな時代になるのだと思います。

参考文献
1) 子どもと保育総合研究所『子どもを「人間としてみる」ということ』ミネルヴァ書房 (2013年)、p261
2) 子どもと保育総合研究所『子どもを「人間としてみる」ということ』ミネルヴァ書房 (2013年)、p264
3) 『発達164号 ウィズコロナ×保育・教育の多事争論』ミネルヴァ書房 (2020年)、p5
4) 『発達164号 ウィズコロナ×保育・教育の多事争論』ミネルヴァ書房 (2020年)、p4
5) 『発達164号 ウィズコロナ×保育・教育の多事争論』ミネルヴァ書房 (2020年)、p4
6) 「新しい保育の物語−保育の質・倫理と政治・リアルユートピア」(2019年)、東京大学Cedep講演会
7) 真木悠介『気流の鳴る音 交響するコミューン』ちくま学芸文庫 (2003年)、p58
8) 小坂国継『西田哲学を読む3−絶対矛盾的自己同一−』大東出版社 (2009年)、p15
9) 小坂国継『西田哲学を読む3−絶対矛盾的自己同一−』大東出版社 (2009年)、p16
10) 真木悠介『気流の鳴る音 交響するコミューン』ちくま学芸文庫 (2003年)、p138
11) 久保健太『保育ナビ 2020・10』フレーベル館 (2020年)、p53
12) 久保健太『保育ナビ 2021・10』フレーベル館 (2021年)、p57
13) エリクソン，E.H.、西平直・中島由恵訳『アイデンティティとライフサイクル』誠信書房 (2011年)、p136

編著者紹介

＊佐藤　純子（さとうじゅんこ）

流通経済大学社会学部社会学科教授。専攻：家族社会学、社会福祉学、保育学。東京都出身。早稲田大学大学院人間科学研究科博士後期課程満期修了退学。博士（人間科学）。淑徳大学短期大学部社会福祉学科児童福祉コース講師、こども学科教授を経て現職。上記ほか、特定非営利活動法人日本プレイセンター協会理事長

＊田村　美由紀（たむらみゆき）

淑徳大学短期大学部こども学科准教授。専攻：幼児教育学、保育学、学校保健学、発達心理学。北海道出身。北海道教育大学教育学部卒業。大阪大学大学院医学系研究科博士後期課程修了。博士（医学）。国立精神・神経センター（現、国立精神・神経医療研究センター）精神保健研究所研究員、人間総合科学大学人間科学部助教、山村学園短期大学保育学科講師などを経て現職

執筆者一覧

は執筆代表

◎第1章　**佐藤　純子**（流通経済大学社会学部社会学科教授）

第2章　**石本　真紀**（宇都宮共和大学子ども生活学部
　　　　　　　　　　子ども生活学科准教授）

第3章　**打浪　文子**（立正大学社会福祉学部社会福祉学科
　　　　　　　　　　准教授）

◎第4章　**田村美由紀**（淑徳大学短期大学部こども学科准教授）

第5章　**冨田ちひろ**（認定こども園はぐはぐキッズ東上野
　　　　　　　　　　施設長）

　　　　川村　啓子（認定こども園はぐはぐキッズ東上野
　　　　　　　　　　看護師）

第6章　**宮武　慎一**（社会福祉法人 調布白雲福祉会 理事長）

第7章　**関山　隆一**（NPO法人もあなキッズ自然楽校 理事長）

第8章　**溝口　義朗**（東京都認証保育所 ウッディキッズ 園長）

災害・感染症対応から学ぶ
子ども・保護者が安心できる園づくり

令和4年7月10日　第1刷発行

編　著　佐藤　純子・田村　美由紀

発　行　株式会社 ぎょうせい

　　　　〒136-8575　東京都江東区新木場1-18-11
　　　　URL：https://gyosei.jp

　　　　フリーコール　0120-953-431

　　　　ぎょうせい　お問い合わせ　検索　https://gyosei.jp/inquiry/

〈検印省略〉

印刷　ぎょうせいデジタル株式会社　　　　　　　　　　©2022　Printed in Japan
※乱丁・落丁本はお取り替えいたします。

ISBN978-4-324-11151-2
(5108805-00-000)
〔略号：安心園づくり〕